Garten
Küche

Frischer Genuss rund ums Jahr

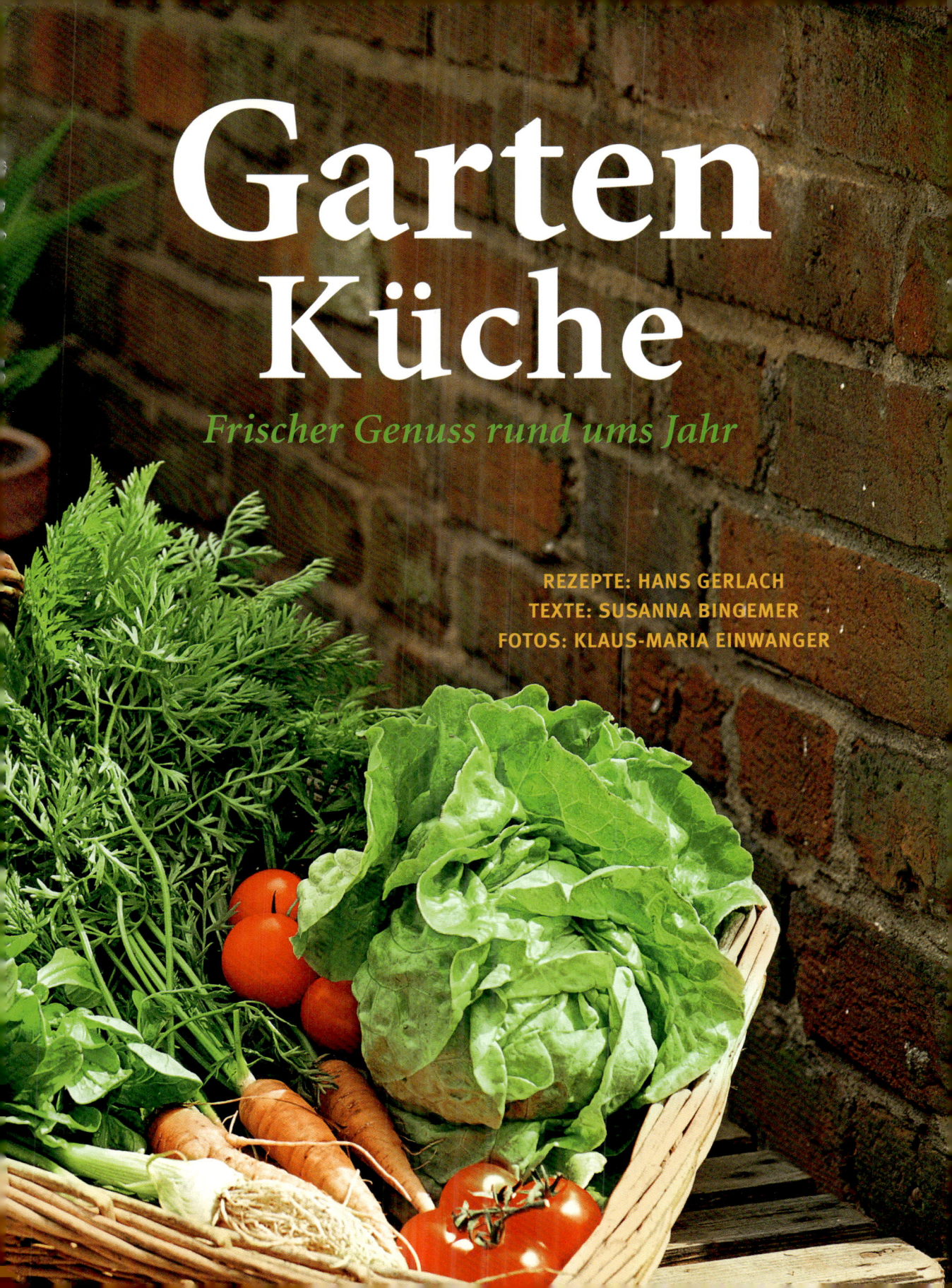

Garten
Küche

Frischer Genuss rund ums Jahr

REZEPTE: HANS GERLACH
TEXTE: SUSANNA BINGEMER
FOTOS: KLAUS-MARIA EINWANGER

Ein Stück vom grünen Glück

Ja, Gärtnern bedeutet Lebensqualität. Für kulinarisch Interessierte ist die Königsdisziplin natürlich die Gemüsegärtnerei. Aber auch bei anderen spricht sich die beruhigende Wirkung der eigenen Tomatenernte herum – im Zeichen von Klimawandel, Geldknappheit und neuer Sinnsuche sogar bei vielen überzeugten Stadtbewohnern. Die pachten heutzutage einen Schrebergarten oder schaffen sich ihre grüne Oase zwischen Beton kurzerhand auf dem Balkon. Auch Hans und ich haben so angefangen. Damals, auf unserem Mini-Stadtbalkon in der Nähe des Münchner Hauptbahnhofs. Wie die Verrückten hatten wir sogar die Fensterbretter vollgestellt mit Tomatentöpfen, Erdbeeren und Gurken. Und unser erstes gemeinsames Buch entstand, das »Balkonkochbuch«. Das Thema ließ uns keine Ruhe, wir waren überzeugt: Gärtnern und Kochen ist eine einleuchtende Verbindung. Viele Jahre, einen Umzug in ein Haus mit Garten und einige Kochbücher später haben wir mit der »Gartenküche« nun endlich ein Gartenkochbuch geschrieben.

Seitdem wir unseren kleinen Stadtgarten beackern, bestimmen Jahreszeiten unseren Speiseplan. Was wir essen, richtet sich jetzt auch nach dem, was wir bei uns gerade ernten können. Der Garten gibt nicht nur vor, was wir zu uns nehmen, sondern auch wie viel davon. Unsere Himbeeren sind rar, die verspeisen wir nur roh. Aber die große Menge an Zucchini jeden Sommer verlangt Erfindungsreichtum, damit uns das Gemüse nicht bald zum Hals raushängt. Also denkt sich Hans neue Rezepte aus – ist ja sein Beruf: Wir essen Zucchini roh im Salat, gekocht, gegrillt, eingelegt, mit diesen oder jenen Zutaten. Jeder Gärtner kennt auch die Schwemmen an Pflaumen, Tomaten, Quitten, die am Ende jeder Gartensaison verarbeitet werden wollen. Auch dafür braucht es Ideen.

Deshalb spielen bei den Rezepten in diesem Buch Gemüse, Kräuter und Früchte die erste Geige. Fleisch und Fisch ergänzen die Rezepte, besonders für Feste und Gäste. Obwohl, Gartengemüse und -früchte sind auch ganz ohne weitere Zutaten große Delikatessen: Ein auf den Punkt sonnenreif geernteter Pfirsich – er zuckt sozusagen noch – schmeckt einfach überirdisch gut.

Viel Spaß beim Gärtnern und Kochen wünschen

Susanne Bingemer
und Hans Gerlach

JANUAR

EINMUMMELN, PLANEN, KONTROLLIEREN

Genau der richtige Monat, um ausgiebig in Gartenbüchern zu schmökern, die neue Beetbelegung zu planen, alte Samentüten vom Vorjahr durchzusehen oder aktuelle Gartenkataloge zu bestellen. Vögel freuen sich, wenn man regelmäßig nach den Futterstationen sieht und diese immer wieder frisch auffüllt. Unbedingt Kübelpflanzen im Winterquartier kontrollieren: alles Faule entfernen, nach Bedarf gießen. Draußen Winterschutzabdeckungen empfindlicher Pflanzen checken, eventuell erneuern. Schwere Schneelasten von den Ästen abschütteln, damit sie nicht abbrechen.

OBST

Spalierobst vor Wintersonne abdecken.

GEMÜSE

Frischekick trotz Schnee im Garten: Kresse- oder Erbsensprossen am Fensterbrett ziehen.

FEBRUAR

STARTKLAR MACHEN

Gartengeräte reparieren oder neu kaufen. Bei stark beanspruchten Beeten oder schwierigen Flächen eventuell Bodenuntersuchung durchführen lassen, um die Art der Düngung zu klären. An frostfreien, trockenen Tagen Beete vorbereiten: Unkraut jäten.

OBST

Kernobstbäume schneiden.

GEMÜSE

Samen kaufen oder bestellen, Saatkisten säubern.

Das Jahr im Gemüsegarten

MÄRZ

FEINDE VERTREIBEN

Bei allen Boden- und Kompostarbeiten nach den Nestern kleiner weißer Schneckeneier Ausschau halten und diese entfernen. Gehölze, Stauden und überwinterte Zweijährige erstmalig düngen. Alle empfindlichen Pflanzen in Frostnächten immer noch gut schützen.

OBST

Beerensträucher pflanzen. Alle Frostschäden an Gehölzen ausschneiden und mit Wundverschlussmittel versorgen.

GEMÜSE

Die Beete mit Hacke und Rechen gründlich vorbereiten. Salate im Gewächshaus oder mit Folienschutz pflanzen. Erste Freilandsaat möglich bei Spinat, Erbsen, Radieschen, Rettich, Schnittlauch und Kresse. Das Gewächshaus und Frühbeete bei starker Sonneneinstrahlung lüften.

APRIL

WINTER ADE

Winterschutz entfernen, alle Schneckeneier und Schnecken absammeln, Unkraut jäten. Anfang April das erste Mal den Rasen mähen und eventuell düngen. Flächen für Rasenneusaat lockern. Kübelpflanzen umtopfen und bei Bedarf beschneiden.

OBST

Weinreben können gepflanzt werden.

GEMÜSE

Neupflanzen und Saaten bei Wärme und Trockenheit wässern und, falls nötig, mit Netzen vor Vögeln schützen. Alle restlichen Beete vorbereiten und das Unkraut jäten. Spätes Gemüse vorziehen oder Jungpflanzen besorgen. Robustes Gemüse und Kräuter können draußen gesät werden. Hauptpflanzzeit für die meisten Gemüse und Kräuter.

MAI

LOSLEGEN!

Nach den Eisheiligen Mitte Mai können überwinterte Kübelpflanzen nach draußen. Langsam akklimatisieren lassen: nachts wieder hereinholen oder mit Vlies schützen. Spätestens jetzt Pflanzen umtopfen, wenn nötig. Rasen regelmäßig mähen, eventuell Ende Mai ein zweites Mal düngen. Gute Zeit für Rasenneuanlage. Schnecken: Für sie sind junge Pflanzentriebe unwiderstehlich. Die Biester abends jagen, da verlassen sie ihr Versteck.

OBST

Obstgehölze bei Trockenheit gut wässern. Erste Blattläuse besonders bei allen Neupflanzungen bekämpfen: mit scharfem Wasserstrahl abspülen, zur Stärkung Pflanzen mit Brennnesselsud besprühen.

GEMÜSE

Anfang Mai noch Vorziehen von Gurken, anderen Fruchtgemüsen und Bohnen möglich. Oder nach den Eisheiligen direkt ins Beet säen. Jungpflanzen von Tomaten, Gurken & Co. erst ab Mitte Mai ins Freie pflanzen. Gute Zeit für Folgesaaten von Salat, Radieschen und Möhren, die nach dem Aufgehen vereinzelt werden. Kohl, Salat und Lauch pflanzen.

JUNI

GIESSEN, DÜNGEN, JÄTEN

Wenn die größte Schneckengefahr vorbei ist, unter Gehölzen, auf Baumscheiben und alle freien Beete mulchen. Pflanzen regelmäßig gießen und düngen, Unkraut jäten. Hohe Stauden mit stabilen Pflanzstäben gut stützen. Frühestens Ende des Monats können Hecken beschnitten werden – nicht eher, da eventuell Vögel darin brüten.

OBST

Zu dichten Fruchtbehang vorsichtig mit einer Schere ausdünnen – ganz besonders bei Äpfeln, Pfirsichen und Pflaumen. Pro Büschel nur zwei bis drei Früchte stehen lassen. Teilweise kann schon erstes Beerenobst geerntet werden.

GEMÜSE

Folgesaat von Radieschen, Mangold und Sommersalat. Kohl, Lauch, Salat sowie die letzten Fruchtgemüse pflanzen. Aufgegangene Saaten auf die richtigen Abstände vereinzeln. Eingewachsene Erbsen-, Lauch- und Kohlpflanzen anhäufeln, das verbessert die Standfestigkeit und regt die Bildung von weiteren Wurzeln in den unteren Bereichen an. Rhabarber nur bis zum 24. Juni ernten, danach enthält er zu viel Oxalsäure.

JULI

WÄSSERN & SONNEN

Am besten morgens wässern – mittags könnten die Pflanzen bei Hitze verbrennen, abends nicht mehr trocknen. Vorm Sommerurlaub besonders gründlich gießen, Unkraut jäten, Rasen mähen. Organisieren, dass jemand die Beete gießt. Gute Zeit, um eine Blumenwiese mit der Sense zu schneiden.

OBST

Fallobst regelmäßig aufsammeln und entfernen. Reifes Stein- und Beerenobst pflücken, unreife Früchte mit Netzen vor Vögeln schützen.

GEMÜSE

Mangold und späte Salatsorten aussäen. Eis- und Kopfsalat, Kohlrabi, Lauch, Wintergemüse, Grün- und Chinakohl pflanzen. Tomaten, Erbsen, Kohl anhäufeln, um die Standfestigkeit zu verbessern. Tomaten regelmäßig ausgeizen, also alle Achseltriebe ausbrechen. Alles, was rankt, anbinden und gut befestigen. Reife Kräuter und Gemüse ernten.

AUGUST

BUSINESS AS USUAL

Hacken, jäten, bewässern, mulchen, Pflanzen auf Schädlinge und Krankheiten kontrollieren. Jetzt auf frei gewordenen Flächen Gründüngung aussäen. Den Rasen nicht zu kurz mähen, damit die Halme bei starker Sonneneinstrahlung nicht verbrennen.

OBST

Äste reich tragender Obstbäume bei Bedarf mit Pfählen oder Stangen abstützen. Reife Apfel- und Birnensorten, Stein- und Beerenobst ernten. Fallobst entfernen und – wenn noch möglich – verarbeiten. Abgeerntete Steinobstbäume und Beerensträucher gut auslichten. Erdbeeren jetzt pflanzen – in Beete, in denen mindestens drei Jahre keine Erdbeeren wuchsen.

GEMÜSE

Kresse, Feldsalat, Spinat und Herbstsalate aussäen. Lauch und letzten Kohlrabi pflanzen. Die Tomaten weiterhin aufbinden und ausgeizen, die Spitze des Haupttriebs nach dem fünften Fruchtstand kappen. Reifes Gemüse ernten und nicht zu lange im Beet lassen. Gegebenenfalls einkochen oder einlegen.

SEPTEMBER

ERNTEN & SÄEN

Nur noch bei neuen Pflanzungen oder längerer Trockenheit wässern. Jäten, hacken und mulchen, Schädlingskontrolle. Auf freien Beeten passende Grünsaat ausbringen, den Rasen aussäen.

OBST

Haupterntezeit bei Äpfeln, Birnen und Zwetschgen. Fallobst aufsammeln und abgeerntete Bäume und Sträucher auslichten. Erdbeeren bei Trockenheit gründlich wässern, dann entwickeln sich neue Blüten besser. Die Pflanzung von Obstgehölzen vorbereiten: Boden tiefgründig lockern.

GEMÜSE

Bis Mitte September noch Feldsalat und Spinat aussäen. Unter Glas ist noch die Aussaat von Rucola, Radieschen und Kopfsalat möglich. Im Gewächshaus Salat, Kohlrabi, Radicchio, Chinakohl und Pak Choi pflanzen. Winterlauch und Spätkohl anhäufeln. Reifes Gemüse ernten, Gurken und Buschbohnen bis spätestens Mitte des Monats. Mehrjährige Kräuter können jetzt geteilt und umgepflanzt werden.

NOVEMBER

AUFRÄUMEN & EINPACKEN

Laub rechen, Wasser draußen abstellen, empfindliche Pflanzen im Garten einpacken. Werkzeuge und Maschinen winterfest machen und aufräumen. Saatgut sortieren, beschriften und kühl und trocken lagern. Alle Kübelpflanzen im Winterquartier auf Schädlinge kontrollieren, bei Bedarf gießen.

OBST

Allerletzte Ernte von zum Beispiel Quitten. Gegen Frostschäden vor allem noch junge Baumstämme mit Kalkanstrich versehen.

GEMÜSE

Wintergemüse wie Lauch vor starken Frösten abdecken. Auch spät gesäter Mangold kann mit einer Abdeckung überwintern. Nach dem ersten Frost Grünkohl ernten. Im Gewächshaus Feldsalat und Spinat aussäen. Bei Bedarf die Scheiben des Glashauses gründlich säubern, damit auch während des Winters genug Licht eindringen kann.

OKTOBER

SICH WAPPNEN

Rasen letztmalig mähen. Rasenmäher reinigen und mit Benzin auffüllen, damit der Motor nicht rostet. Nicht winterharte Blumenzwiebeln und -knollen wie Dahlien ausgraben und trocken, kühl und frostfrei lagern. Gegen den ersten Frost: Winterschutzmaterial besorgen, zum Beispiel Fichtenreisig. Futterstationen für Vögel aufhängen und befüllen, die Nistkästen reinigen und wieder aufhängen. Alle Kübelpflanzen hereinholen.

OBST

Die letzten reifen Äpfel, Birnen und Pflaumen ernten. Ende des Monats Quitten ernten.

GEMÜSE

Unter Glas ist noch die Aussaat von Rucola, Feldsalat oder Spinat möglich. Vor den ersten Frösten alle Fruchtgemüse wie Zucchini und Tomaten ernten. Grün gepflückte Tomaten reifen an einem dunklen, warmen Ort im Haus nach. Den Boden auf geräumten Beeten bearbeiten. Bei viel Unkraut eventuell mit schwarzer Mulchfolie abdecken, die bis zum Frühjahr liegen bleiben kann.

DEZEMBER

SCHMÖKERN & ENTSPANNEN

Gartenbücher lesen und Inspirationen fürs neue Jahr holen. Die Vögel an der – immer wieder zu füllenden – Futterstation beobachten.

OBST

Das eingelagerte Obst regelmäßig kontrollieren und faule Früchte sofort entfernen. Ab und zu den Lagerraum lüften. Die Bäume auf Obstbaumkrebs untersuchen, Wucherungen ausschneiden und mit Wundverschlussmittel behandeln.

GEMÜSE

Wintergemüse vor Frösten schützen. Gemüselager regelmäßig kontrollieren. Für frischen Schnittlauch im Winter: Nach dem ersten Frost Schnittlauch mit Wurzeln stechen, Ballen einige Tage im Beet liegen lassen, dann eintopfen und ins Haus stellen.

Frühling

BÄRLAUCH

Ein Pflänzchen, bei dem sich die Geister scheiden: Für die einen ist Bärlauch ein Unkraut, für die anderen ein sehr attraktives Wildkraut. Die einen mögen den Geschmack, die anderen können darauf verzichten. Wir haben drei Pflänzchen unter ein paar Bäume im Garten gesetzt. Bärlauch oder Wilder Knoblauch ist eine Waldpflanze und liebt einen feuchten, humusreichen Laubwaldboden an einem schattigen Ort. In manchen Wäldern wächst der Bärlauch in solchen Mengen, dass man ihn im Frühjahr schon von Weitem riechen kann. Wir sammeln zwischen März und Mai die Blätter, noch vor der Blüte. Um Bärlauch nicht mit den sehr ähnlich aussehenden, giftigen Maiglöckchen zu verwechseln, schnuppern Sie an der Pflanze: Die Maiglöckchenblätter riechen nicht nach Knoblauch. Bärlauch passt roh zu Suppen oder Salaten. Gekocht ist er im Risotto ein Genuss. Vergessen Sie Bärlauchpesto, das es zu kaufen gibt: Das Kraut lässt sich nicht konservieren. Nutzen Sie die kurze Zeit, in der es wächst.

LÖWENZAHN

Freispruch für den Löwenzahn: Klar, er breitet sich rasend aus, verdrängt empfindlichere Pflanzen und ist wegen seiner zähen Pfahlwurzeln nur schwer zu entfernen. Die gelbe Blume gilt als Unkraut und ist nicht eben beliebt. Bei uns im Garten besteht der Rasen im Grunde nur aus Löwenzahn – eine Altlast des Vormieters. Wir machen inzwischen das Beste daraus: genießen ganz kurz den gelben Blütenteppich im Frühjahr, mähen aber dann zeitig, bevor die Samenschirmchen losfliegen. Natürlich landet Löwenzahn bei uns auch auf dem Esstisch. Dazu schneiden wir im Garten die Blätter eines Löwenzahns ab, stülpen einen Blumentopf über die Pflanze und dichten alle Ritzen ab, durch die Licht unter den Topf gelangen könnte. Nach ein paar Tagen ernten wir wunderbar milden, gebleichten Löwenzahn. Die Blätter wie auch die Knospen schmecken frisch und nussig im Salat. Im Sommer dürfen dann die Meerschweinchen sämtlicher Nachbarskinder auf unserem Rasen grasen.

VOGELMIERE

Sie wächst an Wegrändern, auf Äckern, auf Schutt-plätzen und – in Gärten. Vogelmiere bildet lockere, stark verzweigte Grünflächen und ist deshalb eine enorme Konkurrenz für andere Pflanzen. Gärtner lieben sie nicht. Die Pflanze ist ein- oder zweijährig und blüht das ganze Jahr, sogar im Winter bei Tempe-raturen um die null Grad. Die winzigen Blütenblätt-chen sind weiß, die Staubgefäße purpurfarben oder rotviolett. Was viele nicht wissen: Vogelmiere ist ein überaus vitaminreiches Wildgemüse. Das Kraut schmeckt ein bisschen nach jungen Maiskolben und passt gut in Salate. Wir ernten die junge Vogelmiere im Frühjahr. Wegen der Fäden in den Stielen hacken wir sie, bevor sie weiterverwendet wird. Ansonsten versuchen wir, uns über Vogelmiere nicht zu sehr auf-zuregen – an trockenen Stellen sorgt sie zumindest dafür, dass der Boden dort etwas feuchter bleibt. Wenn sie aber das Gemüse umwuchert oder die Optik der Beete zu sehr dominiert, reißen wir sie heraus.

BRENNNESSEL

Natürlich möchte ich hier nicht zum Anbau von Un-kraut aufrufen. Zumal Brennnessel und Konsorten sowieso von alleine wachsen, ob Sie wollen oder nicht. Ihre Blätter brennen nicht nur unangenehm auf der Haut, die Brennnessel breitet sich auch noch überall aus, besonders auf gut gedüngtem Boden. Deshalb hassen viele Landwirte und Gärtner sie regelrecht, rücken ihr mit Giften zu Leibe. Aber die Brennnessel ist unausrottbar. Also am besten das Beste daraus machen. Freunden wir uns mit ihr an und nutzen sie positiv, in unserem Fall: kulinarisch. Dass Brennnesseln beim Essen brennen, ist nämlich purer Unsinn. Kurz mit heißem Wasser überbrüht, brennen die Blätter über-haupt nicht mehr auf der Zunge. Wir verwenden die ersten etwa 20 Zentimeter langen Triebe im Frühjahr, dann schmecken sie am besten. Später schneiden wir Brennnesseln vor allem ab, wenn wir eine pflanzen-stärkende Jauche ansetzen wollen. Die Brennnesseln schmecken in Suppen, als Aufstrich oder statt Spinat.

Löwenzahn ist ein Geschenk des Gartens an den Gärtner: Er wächst, ohne dass man sich um ihn kümmern muss – und zwar vor jedem anderen Salat oder Gemüse. Zugegeben, manchmal sprießt er auch da, wo er nicht soll. Also: Rechtzeitig ernten! Die ganz kleinen Blättchen können Sie überall pflücken. Doch sobald die Blätter etwas größer sind, werden sie schnell recht bitter, da hilft nur bleichen. Entweder sammeln Sie natürlich gebleichten Löwenzahn, der aus Maulwurfshügeln oder Mulchdecken hervorspitzt, oder Sie setzen ein paar Tage einen Topf über die Pflanze. Oder Sie kaufen ihn einfach auf dem Markt.

Neue-Löwenzahn-Bratkartoffeln

ZUTATEN für 4 Personen:
1 große Handvoll Löwen-
    zahnblättchen
½ Bund Schnittlauch
1 kg neue Kartoffeln
3 EL Rapsöl
Salz | Pfeffer
1–2 Prisen gemahlener Kreuz-
    kümmel oder Garam Masala
    (nach Belieben)
1 EL Butter
4 Eier (M)
1 TL frisch gepresster
    Zitronensaft

ZUBEREITUNGSZEIT: 25 Min.
PRO PORTION: ca. 305 kcal

1 Den Löwenzahn verlesen und gründlich waschen, trocken schleudern. Größere Blätter in mundgerechte Stücke teilen. Schnittlauch abbrausen, trocken schütteln und in Röllchen schneiden. Die Kartoffeln so gründlich waschen, dass später die Schalen mitgegessen werden können. Kartoffeln in etwa 2 cm große Würfel schneiden.

2 In einer beschichteten Pfanne 2 EL Rapsöl erhitzen. Darin die Kartoffeln bei mittlerer Hitze 15 Min. braten. Dabei einen Deckel so auf die Pfanne legen, dass er nicht ganz schließt, und die Kartoffeln zwar im eigenen Dampf gleichmäßig garen, aber trotzdem mehr braten als dünsten. Mit Salz und Pfeffer würzen – wer möchte, gibt auch den Kreuzkümmel oder das Garam Masala dazu. Kartoffeln immer wieder durchschwenken.

3 Die fertigen Bratkartoffeln auf zwei Pfannen (auch nett: vier kleine Portionspfannen nehmen) verteilen und flach darin ausbreiten. Jeweils ½ EL Butter in Flöckchen dazugeben und 2 Eier über die Kartoffeln schlagen, 3–4 Min. braten. Inzwischen Löwenzahn mit dem übrigen Öl, dem Zitronensaft und etwas Salz und Pfeffer anmachen.

4 Jeweils ein Spiegelei samt Bratkartoffeln auf einen Teller gleiten lassen, den Löwenzahn auf den Spiegeleiern verteilen. Mit Schnittlauch bestreuen und sofort servieren.

Fertiges Bärlauchpesto aus dem Glas ist ein kleines Übel moderner Bio-Supermärkte. Wenn der frische, scharfe und appetitanregende Duft unseres ersten Frühlingskrauts sich im Öl zersetzt, ist nach wenigen Tagen nur noch muffige Würze übrig. Pürieren Sie also frische Bärlauchblätter lieber zu Hause, und verbrauchen Sie das Pesto, so lange es noch richtig gut schmeckt! Bis Ihre Bärlauchernte aber überhaupt für Pesto ausreicht, sind zarte Zubereitungen wie Bärlauchblinis eine feine Alternative.

Bärlauchblini

ZUTATEN für 4 Personen:
½ Würfel Hefe (20 g)
200 ml lauwarme Milch
120 g Weizenmehl (Type 405)
3 EL Buchweizenmehl
3 Eier (M)
1 TL Zucker
1 TL Salz
16–20 Bärlauchblätter
2 EL Butter
150 g saure Sahne
150 g Räucherlachs oder
   Räucherforelle (auch fein:
   50 g Lachs- oder Forellen-
   kaviar)

ZUBEREITUNGSZEIT: 30 Min.
RUHEZEIT: 7 Std.
PRO PORTION: ca. 420 kcal

1 Hefe in die Milch krümeln und mit Weizenmehl verrühren, abdecken und an einem warmen Ort gehen lassen. Sobald der Vorteig sichtbar aufgegangen ist, umrühren und noch einmal aufgehen lassen, bis die Hefe kleine Bläschen bildet. Das dauert etwa 30 Min. (die genaue Zeit ist nicht wichtig).

2 Buchweizenmehl, Eier, Zucker und Salz unter den Vorteig rühren. Den Teig in etwa 30 Min. ungefähr bis zum doppelten Volumen aufgehen lassen, umrühren, mit Frischhaltefolie abdecken und im Kühlschrank mindestens 6 Std. reifen lassen (der Teig hält sich gekühlt 1–2 Tage).

3 Dann die Bärlauchblätter abbrausen und trocken tupfen. Der fertige Bliniteig soll dickflüssig wie ein Pfannkuchenteig sein – falls er zu fest geworden ist, mit wenigen Löffeln Wasser verdünnen. Eine große beschichtete Pfanne erhitzen, 1 TL Butter darin schmelzen lassen und mit einem Esslöffel kleine Teigportionen in die Pfanne setzen. Jeweils 1 Bärlauchblatt auf jedes Teigküchlein legen. Blini bei mittlerer Hitze etwa 3 Min. backen, dabei einmal wenden

4 Blini entweder sofort aus der Pfanne mit saurer Sahne und Räucherlachs oder -forelle servieren und erst danach den übrigen Teig in der restlichen Butter backen. Oder die fertigen Blini bei 80° im Ofen warm halten, bis der ganze Teig gebacken ist, und erst dann auf den Tisch bringen.

VERLANGT NACH MEHR – SPAGHETTI MIT BÄRLAUCHPESTO
1 Handvoll Bärlauchblätter abbrausen, trocknen, grob schneiden und mit 1 TL Salz, 1 EL gerösteten Nüssen und 6–8 EL Raps- oder Olivenöl in einem elektrischen Blitzhacker pürieren. 2–3 EL frisch geriebenen Käse (z.B. harte Ziegen- oder Schafskäse wie Crottin de Chavignol oder Pecorino) unterrühren. 400–500 g Spaghetti al dente kochen und mit 1 kleinen Schöpfer Kochwasser und dem Bärlauchpesto mischen.

MANGOLD

Seit einiger Zeit ist Mangold wieder richtig im Trend. Ich vermute, das liegt an den rotstieligen Sorten, die sich immer mehr verbreiten – sie sind besonders dekorativ. Für mich gehört dieser Mangold mit zu den schönsten Gemüsepflanzen überhaupt. Eine Freundin hat rotstieligen Mangold sogar in ihr Blumenbeet gepflanzt. Sie erntet ihn gar nicht. Geschmacklich gibt es zwischen weiß-, gelb- und rotstieligen Sorten keinen Unterschied. Weißstieliger Mangold wird manchmal mit Pak Choi verwechselt, weil diese asiatische Kohlart ihm optisch sehr ähnelt. Wir ernten das Gemüse jung, wenn wir es als Salat essen möchten, für gekochten Mangold darf es auch ausgewachsen sein. Mangold hat eine interessante Familiengeschichte: Lange bevor Kartoffeln oder Tomaten nach Europa kamen, war Seemangold da. Die anspruchslose Wildrübe wächst bis heute an kargen Mittelmeerküsten, am Atlantik und sogar auf Helgoland. Und sie ist die Urform von Mangold, Roter Bete und Zuckerrüben.

Mangold und Spinat gehören wie Rote Bete oder auch Quinoa zu den Gänsefußgewächsen. Pflanzen dieser Familie sind vom Wind bestäubte Arten. Sie brauchen also nicht mit besonders auffälligen Blüten Insekten anlocken. Die Blütenstände sind folglich eher unauffällig. Hans lässt sie beim Mangold neuerdings doch immer stehen, weil er Samen ernten will. Nach erstens »Jungpflanzen kaufen« und zweitens »gekaufte Samen säen« ist das eigene Ernten von Samen wohl die dritte Stufe der gärtnerischen Initiationsriten. Wie dem auch sei: Von einigen unserer Schützlinge gewinnen wir am Ende der Saison auch Saatgut fürs nächste Jahr. Bei Mangold kann man mit der Samenernte warten, bis wirklich alle Samen an der Pflanze schön ausgereift sind, denn das reife Saatgut fällt nicht vorzeitig von alleine aus. Die geernteten Samen lassen wir ausgebreitet auf einem Fensterbrett im Haus nachtrocknen. Dann füllen wir sie in Gläser oder Tütchen ab, die wir mit Namen der Pflanze und Erntejahr beschriften. So ist es schön übersichtlich in unserer Samenkiste.

HEGEN UND PFLEGEN

Spinat und Mangold mögen Sonne und tiefgründigen, humosen Boden. Im Gegensatz zu Spinat ist Mangold etwas robuster, nimmt zum Beispiel Trockenheit nicht gleich krumm. Beide Gemüsesorten können direkt ins Freie gesät werden, Frühjahrsspinat und Mangold im April. Mangold säen wir dann Ende August noch einmal aus, Winterspinatsorten im Oktober. Vorm Säen kommt jeweils noch Kompost auf den Boden. Wenn die Pflänzchen ein paar Zentimeter groß sind, dünnen wir aus. Und dann heißt es: Achtung, Schnecken! Für die stehen junger Spinat und Mangold ganz oben auf der Speisekarte. Wir schauen also während dieser Wachstumsperiode morgens und abends im Beet nach Schnecken und entfernen sie gegebenenfalls. Sind die Pflanzen größer, ist die Gefahr meistens gebannt. Wenn wir die Mangoldblätter jung ernten, schneiden wir die ganze Pflanze dicht über dem Boden ab. Erntet man nur die äußeren Blätter je nach Bedarf, entwickelt Mangold eine Zeit lang immer neue Blätter.

SPINAT

Selbst gezogener Spinat hat gleich zwei Vorteile: Er schmeckt frischer als gekaufter und ist nicht so sehr mit Schadstoffen belastet. Man liest ja häufig von diesen Studien, nach denen speziell in konventionell angebautem Spinat immer wieder große Mengen Pestizide nachgewiesen werden. Was wirklich schade ist, denn Spinat steckt ja auch voller gesunder Inhaltsstoffe – jede Menge Protein, Vitamin A und natürlich Eisen. Wobei der angenommene extrem hohe Eisengehalt von Spinat auf einem wissenschaftlichen Irrtum beruht, der erst vor einigen Jahren aufgedeckt wurde. Wir essen unsere Pflänzchen meistens roh als Salat – gemischt mit anderen Blattsalaten. Deshalb ernten wir die Blättchen immer möglichst jung, dann schmecken sie am besten. Wir schneiden das gesamte Grün am Ansatz ab, so wachsen die Blätter nach und wir können ein zweites Mal ernten. Weil Spinat es kühl mag, säen wir ihn schon zeitig im Frühjahr aus, direkt ins Beet. Später muss er dann ausgedünnt werden.

In unserem Garten sind es einfach die jungen Mangoldpflanzen, die ich absichtlich zu dicht gesät habe. Auf dem schicken Münchner Viktualienmarkt heißen sie »Baby-Leaf-Salad«. Und wenn Sie weder im Garten noch auf dem Markt ganz kleinen Mangold finden, dann können Sie stattdessen genauso gut zarten Blattspinat oder eine Mischung Ihrer Lieblingssprossen für die Wraps verwenden.

Baby-Mangold-Wraps

ZUTATEN für 4 Personen:
100 g rote Linsen
2 Handvoll Baby-Mangold
   (etwa 100 g, ersatzweise
   Blattspinat)
1 vollreife Avocado
1 Frühlingszwiebel
Salz
etwa 1 EL Garam Masala
   oder Currypulver
2 TL frisch gepresster
   Limettensaft
2 EL Öl (z. B. Raps- oder
   Sonnenblumenöl)
4 Weizen-Tortillas (Wraps)
4 EL saure Sahne
Gewürzpaprikapulver zum
   Bestreuen (siehe Seite 192,
   ersatzweise Chilipulver)

ZUBEREITUNGSZEIT: 30 Min.
PRO PORTION: ca. 395 kcal

1 Die roten Linsen mit ½ l Wasser in einen Topf geben und in 15 Min. bei mittlerer Hitze weich kochen. In der Zwischenzeit Baby-Mangold waschen und trocken schleudern, größere Blätter in mundgerechte Stücke zupfen. Die Avocado halbieren, den Kern entfernen und das Fruchtfleisch mit einem Esslöffel in großen Spänen aus der Schale lösen. Frühlingszwiebel waschen und putzen, dabei die Wurzeln und welken Blätter entfernen. Die Zwiebel in dünne Ringe schneiden.

2 Die Linsen abgießen, dabei die Garflüssigkeit auffangen. Zwei Drittel der Linsen mit 3 EL der Garflüssigkeit mit einem Stabmixer schön cremig pürieren. Mit Salz, Garam Masala oder Curry abschmecken. Avocado und Mangold salzen und mit Limettensaft und Öl kurz marinieren.

3 Weizen-Tortillas nacheinander in einer Pfanne ohne Fett bei mittlerer Hitze erwärmen. Mit Linsenpüree, Linsen, Mangold und Avocado füllen. Jeweils einen kleinen Tortilla-Rand nach innen über die Füllung schlagen, dann die Wraps im 90-Grad-Winkel zu dieser Kante zusammenrollen. Oder die Tortillas einfach wie Pfannkuchen füllen und zusammenschlagen. Jeweils einen Klecks saure Sahne auf die Wraps geben und mit Frühlingszwiebeln und Gewürzpaprikapulver bestreuen.

VARIANTE MIT HÄHNCHENBRUST
Wenn der Grill sowieso schon glüht, könnten Sie 1 Hähnchenbrustfilet der Länge nach halbieren, mit 1 EL Naturjoghurt, 1 EL Öl und je 1 kräftigen Prise Currypulver, Chilipulver und Salz einreiben und bei mittlerer Hitze 5–6 Min. grillen, dabei einmal wenden. Filethälften in dünne Scheiben schneiden und mit in die Wraps füllen.

Wer sich selbst – und seine Gäste – einmal wirklich überraschen möchte, muss unbedingt mein Radieschenblätterpesto ausprobieren. Je nach späterer Verwendung lasse ich den Käse auch mal aus dem Pesto raus. Zum Beispiel muss keiner hinein, wenn das Pesto als Grilldip, Brotaufstrich oder als Basis für eine Marinade für Salat und Gemüse gedacht ist. Im Risotto finde ich die Käsevariante aber cremiger und aromatischer.

Risotto mit Radieschenblätterpesto

ZUTATEN für 4 Personen:

Für den Risotto:
1 l Gemüsebrühe
1 Bund Radieschen
  (10–15 Stück)
1 Zwiebel
3 EL Butter
300 g Risottoreis
4 EL Weißwein (ersatzweise
  Gemüsebrühe)
Salz | Pfeffer

Für das Pesto:
3 EL gehäutete Mandeln
  (auch fein: Cashewnüsse
  oder Pinienkerne)
Blätter von 1 Bund Radieschen
  (siehe oben)
1 kleine Knoblauchzehe
1–2 getrocknete Chilischoten
1 EL frisch gepresster
  Zitronensaft
2 EL Rapsöl
3 EL frisch geriebener Pecorino
  oder Parmesan
1 kräftige Prise Salz

ZUBEREITUNGSZEIT: 40 Min.
PRO PORTION: ca. 450 kcal

1 Für den Risotto die Brühe aufkochen und warm halten. Das Radieschenbund waschen und trocken schütteln, Blätter abschneiden und fürs Pesto beiseitelegen. Die Radieschen in dünne Scheiben schneiden.

2 Fürs Pesto die Mandeln in einer Pfanne ohne Fett rösten, bis sie duften. Radieschenblätter grob schneiden (die Blätter von sehr großen Radieschen vorher kurz mit kochend heißem Wasser überbrühen). Knoblauch schälen und grob schneiden, die Chilischote(n) zerbröseln. Alle Zutaten für das Pesto in einem elektrischen Blitzhacker cremig pürieren, dabei eventuell 2–3 EL Wasser dazugeben, damit der Blitzhacker die Masse besser transportiert. Pesto mit Salz abschmecken, kurz ziehen lassen.

3 Die Zwiebel schälen und klein würfeln. 1 EL Butter in einem Topf schmelzen lassen, darin die Zwiebel bei mittlerer Hitze andünsten. Reis dazugeben und unter Rühren 2–3 Min. mitdünsten. Mit Wein ablöschen, vollständig einkochen lassen. Die Brühe nach und nach zum Risotto geben, dabei immer wieder sanft umrühren, sodass alle Reiskörner gleichmäßig von einer cremigen Schicht überzogen werden.

4 Nach etwa 18 Min. Garzeit die Radieschen unter den Reis rühren. Den Risotto vom Herd nehmen und zugedeckt noch 4–5 Min. nachziehen lassen. Die restliche Butter und das Pesto unter den Risotto rühren. Mit Salz und Pfeffer abschmecken, auf vorgewärmte Teller verteilen und sofort servieren.

LUXUSVERSION
Dafür 4 Rinderfilets (je 1 cm dick) mit wenig Rapsöl bestreichen und bei starker Hitze 2 Min. grillen oder braten, dabei einmal wenden. Danach die Filets mit Salz und Pfeffer würzen, schräg in dünne Streifen schneiden und auf dem Risotto anrichten.

MINZE

Pfefferminze, Grüne Minze, Ananasminze – ich liebe sie alle! Ich mag den Geruch, den Geschmack und das morgendliche Ritual im Garten ein paar Stängel zu pflücken, um damit für die ganze Familie einen Tee aufzubrühen. Frischen Minzetee trinken wir alle gern, kalt oder warm. Und wir haben da noch ein anderes Minzeritual: an einem lauen Abend einen Drink mixen mit gestampften Minzeblättern, etwas Limette, Hollersirup, Eiswürfeln und Prosecco oder Weißwein. Minze schmeckt aber auch in Salaten oder zu Fisch. Weil ich nicht genug Minze haben kann, ist es mir auch egal, dass sie sich im Beet ganz schön ausbreitet und wuchert. Manche Gärtner warnen deshalb davor, das Kraut ins Beet zu setzen, oder sie verordnen eine Wurzelsperre: einen in die Erde eingegrabenen Eimer ohne Boden, in dem dann die Pflanze sitzt. Minze kommt mit unterschiedlichen Standorten und Böden klar, aber sie mag es feucht und humos. Minze alle zwei bis drei Jahre einen neuen Platz mit frischem Kompost geben.

KERBEL

Kerbel scheint ein bisschen aus der Mode gekommen zu sein, aber ich finde völlig zu Unrecht. Vermutlich stammt das einjährige Kraut aus Russland. Es wird manchmal mit Petersilie verwechselt, mit der es auch verwandt ist. Im Mittelalter nannte man Kerbel »Petersilie der Reichen«, sein Aroma ist aber viel feiner und erinnert an Anis. Schmeckt gut in Suppen und Salaten oder zu Fleisch und Fisch. Wie auch Basilikum oder Schnittlauch sollte Kerbel immer erst am Ende der Garzeit hinzugefügt werden, da sonst sein Aroma verloren geht. Wir säen Kerbel schon Ende März ins Freie, denn er kann Kälte ganz gut vertragen. Zudem wächst er schnell, auch wenn es feuchter und schattiger ist. Wenn man ihn am Herbstanfang erneut aussät, kann man bis weit in den Winter hinein noch ernten. Sobald Kerbel blüht, verliert er seine Würzkraft. Also pflücken wir vorher, immer die äußeren Blätter. Blütenstände stehenlassen: Das ist nicht nur dekorativ, dann sät sich der Kerbel selbst wieder aus.

SCHNITTLAUCH

Ein Klassiker im Garten und in der Küche: Schnittlauch passt wirklich zu fast allem, zu Salat, Kartoffeln, Ei, Quark oder Fisch. Wir streuen ihn auch ganz einfach aufs Butterbrot. Seit wir Schnittlauch im Garten kultivieren, lassen wir ihn blühen. Die runden, blasslila Blüten sind nicht nur wunderschön, sondern auch essbar. Köstlich! Wir kaufen meistens Jungpflanzen, doch Sie können ihn ab Spätfrühling auch aussäen – in Töpfe oder direkt ins Beet. Dicke Pflanzbüschel lassen sich mit einem Messer sehr gut in zwei Pflanzen teilen. Wenn wir ernten, schneiden wir die Röhrchen etwa zwei Zentimeter über dem Boden ab. Dann treibt das Kraut immer wieder aus. Schnittlauch mag es sonnig oder halbschattig. Gut ist feuchter, nährstoffreicher Boden mit viel Kompost. Schnittlauch ist mehrjährig, zieht aber im Winter das Laub ein. Im Herbst graben wir oft eine Pflanze aus und stellen sie in einem Topf auf eine helle Fensterbank – dann haben wir auch im Winter frischen Schnittlauch.

BASILIKUM

Ein Topf mit Basilikum steht inzwischen fast in jedem Haushalt. Seit die italienische Küche hierzulande nicht mehr wegzudenken ist, gehört auch dieses Kraut nach Deutschland – vor allem zu Tomaten. Der genial einfache Klassiker made in Italy: Tomaten-Mozzarella-Basilikum! Aber das Pflänzchen kommt gar nicht aus Italien, sondern aus Indien, von wo es über Persien und Griechenland bei den Italienern landete. Die Griechen verpassten ihm auch seinen Namen: basilikon, »königlich«. Basilikum ist einjährig, braucht viel Sonne und ist frostempfindlich. Also nicht zu früh aussäen, dabei nicht mit Erde bedecken. Weil es recht langsam wächst, kaufen wir meistens kleine Pflanzen im Topf, die wir unter die Tomaten setzen oder gleich im Topf stehen lassen, da leider auch Schnecken ganz versessen auf Basilikum sind. Am liebsten mögen wir das kleinblättrige Basilikum, das ein besonders intensives Aroma hat. Vom Basilikum immer ganze Triebspitzen ernten, statt einzelner Blätter, damit das Kraut gut nachwächst.

Hier kommt die Gartenvariante des vietnamesischen Klassikers – nicht so aufwendig wie das Original, glücklich macht sie aber ganz genauso. Wer die Rollen fürs Picknick oder eine Party vorbereiten möchte, gibt einfach beim Einwickeln einen Löffel der Sauce mit in jede Rolle hinein, dann eignen sie sich perfekt als Fingerfood.

Glücksrollen mit Gartenkräuterlachs und Milch-Aioli

ZUTATEN für 4 Personen
  (8 Stück):

Für die Rollen:
350 g Lachsfilet (ohne Haut)
2 EL Sojasauce
2 TL flüssiger Honig
4 EL Öl
400 g neue Kartoffeln
Salz
1 TL Dill- oder Fenchelsamen
frisch geriebene Muskatnuss
8 Kopfsalatblätter
2 Bund Frühlingskräuter (z. B.
  Petersilie, Kerbel, Schnittlauch,
  Estragon, Kresse, Senf, Baby-
  Mangold)
8 Reisblätter (etwa 22 cm Ø,
  nicht eingerissen)

Für die Milch-Aioli:
1 Knolle junger Knoblauch
  (12–15 Zehen)
150 ml Milch
1 getrocknete Chilischote
1 Stück Ingwer (etwa 3 cm)
1 Prise Salz
200 ml Öl
1 EL frisch gepresster
  Zitronensaft

ZUBEREITUNGSZEIT: 1 Std.
PRO STÜCK: ca. 425 kcal

1 Für die Rollen das Lachsfilet in acht Streifen schneiden. Sojasauce, Honig und 2 EL Öl verrühren. Lachsfilet 20 Min. in die Marinade legen. Inzwischen für die Aioli den Knoblauch schälen, mit der Milch aufkochen und bei geringer Hitze in 15 Min. weich kochen. Chilischote zerbröseln, Ingwer schälen und fein hacken. Knoblauch und Milch mit Ingwer, Chili und Salz in einen Rührbecher geben und auf Zimmertemperatur abkühlen lassen.

2 In der Zeit Kartoffeln schälen, waschen, grob raspeln und mit Salz, Dill- oder Fenchelsamen und Muskat nach Geschmack würzen. Übriges Öl in einer beschichteten Pfanne erhitzen. Kartoffeln darin verteilen und 10 Min. bei mittlerer Hitze leicht braun und bissfest braten, dabei ab und zu wenden. Zwischendurch Salat waschen und trocken tupfen, dicke Stiele entfernen. Kräuter abbrausen und trocken schütteln, die Blättchen abzupfen.

3 Lachsfilet aus der Marinade nehmen und in einer beschichteten Pfanne bei geringer Hitze auf beiden Seiten je 2 Min. braten. (Wenn Sie den Lachs auf einem Holzkohlegrill garen möchten, darauf achten, dass der Grillrost gut geölt ist und nicht klebt.) Die Pfanne vom Herd ziehen.

4 Die Reisblätter etwa 2 Min. in kaltes Wasser geben, herausnehmen und nebeneinander auf ein Küchentuch legen, trocken tupfen. Je 1 Salatblatt auf jedes Reisblatt legen. Im unteren Drittel jedes Reisblatts je 2 EL Kartoffeln verteilen, außerdem 1 Lachsstreifen und reichlich Kräuter daraufgeben. Die beiden seitlichen Blattränder einschlagen und dann die Reisblätter von unten her fest einrollen. Auf einen Teller legen.

5 Die Knoblauchmilch mit einem Stabmixer fein pürieren, dabei 3 EL Öl untermixen. Das Knoblauchpüree mit den Quirlen des Handrührgeräts auf höchster Stufe schlagen, dabei das übrige Öl langsam dazugießen, bis eine cremige Mayonnaise entsteht. Glücksrollen mit dem Aioli servieren.

Mit den gegrillten Frühlingszwiebeln »Calçots« feiern Katalanen das Ende des Winters. In großen Bündeln kommen unvorstellbare Mengen an Frühlingszwiebeln über der heißen Glut auf den Rost. Die fertig gegarten, äußerlich angekohlten Zwiebeln lassen sich durch Abknipsen der Wurzeln und leichten Fingerdruck auf die Zwiebel aus ihrer dunklen Hülle drücken und sind innen wunderbar saftig, zart und herrlich aromatisch.

Gegrillte Frühlingszwiebeln mit Paprikasauce

1 Knoblauch schälen und in dünne Scheiben schneiden. Die Tomaten waschen und grob würfeln, dabei Stielansätze entfernen. In einer Pfanne 4 EL Öl erhitzen und die Mandeln darin hell anrösten. Knoblauch, Chilischote(n) und Paprikapulver zugeben, einmal umrühren und die Pfanne vom Herd nehmen. Alles mit Essig und Kreuzkümmel mit einem Stabmixer fein pürieren, dabei das restliche Öl einlaufen lassen. Die Paprikasauce mit Salz abschmecken.

2 Den Holzkohlegrill anheizen. Die Frühlingszwiebeln waschen, Wurzeln und äußere Blätter dran lassen. Möglichst viele Frühlingszwiebeln in ein Klappgitter legen und 5–8 Min. von jeder Seite bei mittlerer Hitze grillen. Die Zwiebeln in Zeitungspapier wickeln und 3 Min. ruhen lassen. Dann wie ganz oben beschrieben aus den äußeren Hüllen lösen und mit der Sauce servieren. Dazu schmeckt am besten ofenfrisches Weißbrot.

PAPRIKASAUCE – GANZ AUTHENTISCH
Dafür 1–2 Knoblauchknollen in Alufolie wickeln und im Ganzen etwa 30 Min. bei mittlerer Hitze grillen. Dann die Knollen quer halbieren, die Zehen herausdrücken und mit unter die Sauce mixen.

DAZU PASSEN: KANARISCHE KARTOFFELN
2 kg kleine, festkochende neue Kartoffeln sauber waschen, in einen hohen, nicht zu breiten Topf geben und nicht ganz mit Wasser bedecken. 500 g Meersalz dazugeben. Die Kartoffeln 15 Min. bei mittlerer Hitze mit Deckel köcheln lassen. Kochwasser abgießen, den Topf wieder auf den Herd stellen und die Kartoffeln ausdampfen lassen, dabei öfter am Topf rütteln, bis das Salz an den Kartoffelschalen kristallisiert.

ZUTATEN für 4 Personen:
2 Knoblauchzehen
2 Tomaten
100 ml Olivenöl
50 g gehäutete Mandeln
1–4 getrocknete Chilischoten
50 g edelsüßes Paprikapulver
2 EL Rotweinessig
1 TL gemahlener Kreuzkümmel
Salz
30 dicke Frühlingszwiebeln
Außerdem:
Holzkohlegrill
Klappgitter für den Grill
Zeitungspapier

ZUBEREITUNGSZEIT: 30 Min.
PRO PORTION: ca. 380 kcal

Bei Frühjahrsbeginn steht manchmal noch der Lauch vom Vorjahr im Beet, bald sprießen Knoblauch, Zwiebeln und Frühlingszwiebeln. Verwenden Sie für den Salat, was Sie finden, jetzt schmeckt alles Zwiebelige wunderbar frisch. Ganz roh sind mir die jungen Zwiebelgewächse allerdings zu scharf, deshalb salze ich sie für den Salat kurz ein. Lassen Sie auf jeden Fall ein paar Zwiebeln irgendwo stehen, Sie werden mit einer schönen Blüte belohnt.

ZUTATEN für 4 Personen:
2 Bund Frühlingszwiebeln
  (8–12 Stück)
feines Meersalz
200 g süßsauer eingelegte
  Gurken (samt Sud, siehe
  Seite 98; ersatzweise Essig-
  gurken aus dem Glas)
800 g neue Kartoffeln
4 EL Weißweinessig
1 Prise gemahlenes Piment
1 große Prise gemahlener
  Kreuzkümmel
1 große Prise rosenscharfes
  Paprikapulver
4 EL Olivenöl

ZUBEREITUNGSZEIT: 35 Min.
PRO PORTION: ca. 225 kcal

Frühlingszwiebel-Kartoffel-Salat

1 Die Frühlingszwiebeln waschen und putzen, dabei Wurzeln und welke Blätter entfernen. Die Zwiebeln in dünne Ringe schneiden, kräftig salzen und 3 EL vom Gurkensud dazugeben, etwa 15 Min. ziehen lassen. Die Kartoffeln waschen, in einen Topf geben und knapp mit Wasser bedecken, 1 Prise Salz zufügen. Die Kartoffeln bei mittlerer Hitze bissfest kochen, das dauert je nach Größe der Knollen 15–20 Min.

2 Die Gurken in dünne Scheiben schneiden. Frühlingszwiebeln in ein Sieb geben und abtropfen lassen, dann mit Küchenpapier trocken tupfen. Die Gurken und Zwiebeln mit Weißweinessig in einer großen Schüssel mischen, mit Piment, Kreuzkümmel und Paprika kräftig würzen.

3 Kartoffeln abgießen, pellen und in etwa 5 mm dicken Scheiben direkt in die Schüssel mit den Frühlingszwiebeln schneiden – das ist etwas dicker als gewöhnlich, aber es ist ja auch vor allem ein Frühlingszwiebelsalat. Den Salat durchrühren, das Olivenöl dazugeben, abschmecken.

DAZU PASSEN: ROSA GEBRATENE BURGER
Dafür 750 g Rindernacken (noch besser: Hochrippe) vom Metzger durch den Fleischwolf drehen lassen. Aus dem Hack vier jeweils etwa 2 cm dicke Burger formen, dabei nicht zu fest zusammendrücken. Die Burger in einer großen Pfanne mit 2 EL schäumender Butter, 1 gequetschten Knoblauchzehe und 1 Thymianzweig bei mittlerer bis starker Hitze auf beiden Seiten je 2–3 Min. braten. Dann sind die Burger noch leicht rosa – das dürfen sie aber nur dann sein, wenn das Fleisch wirklich ganz frisch durch den Wolf gelassen wurde! Die Burger aus der Pfanne nehmen und mit Fleur de Sel oder einem anderen Meersalz und frisch gemahlenem Pfeffer würzen. Sie können die Burger auch grillen, das dauert ingesamt 6–8 Min. auf dem Rost.

Was sind denn eigentlich »Dinnete«? Haben die etwas mit kleinen, amerikanischen Diner-Restaurants zu tun? Oder sind das Essecken in Ein-Raum-Wohnungen? Nein, »Dinnete« heißt sozusagen die schwäbische Variante der Pizza (für die Sie meinen Teig auch sehr gut verwenden können – die Menge reicht für 1,5 Bleche). Oft sind sie rund, wenn ich aber längliche Ovale forme, kann ich den Platz auf meinem Backblech besser ausnutzen.

Frühlingszwiebel-Dinnete

ZUTATEN für 4 Personen (8 Stück):

500 g Mehl (+ etwas mehr zum Arbeiten, am besten eine Mischung aus Weizenmehl Type 405 und Dinkelmehl Type 630 nehmen, eventuell einen kleinen Teil durch Roggen- oder Buchweizenmehl ersetzen)
Salz
½ Pck. Trockenhefe oder ¼ Würfel Hefe (10 g)
8 Frühlingszwiebeln
200 g saure Sahne
2 EL frisch geriebener Parmesan
1–2 TL Korianderkörner
Pfeffer
Außerdem:
Backpapierbögen (in der Größe des Backblechs)

ZUBEREITUNGSZEIT: 50 Min.
RUHEZEIT: 8–12 Std.
PRO STÜCK: ca. 255 kcal

1 Das Mehl mit 1 gehäuften TL Salz, Hefe (Hefewürfel ins Wasser krümeln) und etwa 310 ml kaltem (!) Wasser in einer großen Schüssel mit den Knethaken des Handrührgeräts (noch besser: Küchenmaschine) verkneten, bis der Teig nicht mehr klebt. Teig zu einer Kugel formen, mit Mehl bestäuben und mit einem feuchten Küchentuch zudecken. Eine Plastiktüte locker über das Tuch legen, damit es nicht austrocknet, der Teig aber nicht luftdicht abgeschlossen ist. An einem kühlen Platz (nicht im Kühlschrank) 8–12 Std. gehen lassen. Wenn der Teig ein paar Std. »übergeht«, schadet es nicht.

2 Den Backofen mit einem Backblech darin (unten) auf 280° vorheizen (Umluft 250°). Die Frühlingszwiebeln waschen und putzen, dabei Wurzeln und welke Blätter entfernen. Die Zwiebeln in dünne Ringe schneiden. Die weißen Zwiebelringe mit saurer Sahne und Parmesan verrühren, salzen. Die Korianderkörner leicht anquetschen, zum Beispiel in einem Mörser oder auf einem Brett mit einem Kochtopf.

3 Teig auf einer bemehlten Arbeitsfläche in acht Stücke teilen, zu Kugeln formen, zu dünnen, länglichen Fladen ausrollen und dann nebeneinander auf Backpapierbögen legen. Die Fladen mit der Sahnemischung bestreichen und mit etwas Koriander bestreuen. Die Dinnete nacheinander mithilfe des Backpapiers zuerst auf ein zweites, kaltes Backblech ziehen und dann von dort auf das heiße Blech im Ofen. Dinnete in 6–8 Min. goldbraun backen. Aus dem Ofen nehmen, pfeffern und mit ein paar grünen Zwiebelringen bestreuen. Am allerbesten die ersten fertigen Dinnete sofort servieren – während die restlichen Fladen gebacken werden.

HEFETEIG PRAKTISCH GEMACHT

Dafür den Teig abends ansetzen, morgens noch einmal durchkneten, dann mittags backen. Wer es eilig hat, nimmt die doppelte Hefemenge, lauwarmes Wasser und ein warmes Plätzchen für die Ruhezeit – nach 1–2 Std. ist der Teig wie gewohnt fertig und schmeckt (fast) genauso gut.

Kohlrabi fein zu reiben und mit Butter zu dünsten, scheint banal – schmeckt aber viel besser als jede andere Art Kohlrabi zuzubereiten. Hier ist wirklich weniger mehr.

Butterkohlrabi mit Polentaschnitten und krossem Speck

ZUTATEN für 4 Personen:
¼ l Milch
Salz
frisch geriebene Muskatnuss
150 g Instant-Polenta (schnell-
kochender Maisgrieß, 5 Min.
Garzeit)
3 EL frisch geriebener Parmesan
2 große oder 4 kleine Kohlrabi
(insgesamt etwa 1 kg)
4 EL Butter
2 EL Olivenöl
8 dünne Scheiben durch-
wachsener Frühstücksspeck
(Bacon)
Außerdem:
1 kleine Kastenform (20 x 10 cm)
Frischhaltefolie

ZUBEREITUNGSZEIT: 25 Min.
KÜHLZEIT: 1 Std.
PRO PORTION: ca. 465 kcal

1 Die Milch mit ¼ l Wasser aufkochen, mit Salz und Muskat würzen. Den Maisgrieß mit einem Schneebesen unterrühren und die Polenta bei geringer Hitze zugedeckt 5 Min. quellen lassen, dann den Parmesan unterrühren. Die Kastenform mit Frischhaltefolie auskleiden, Polenta einfüllen, glatt streichen und mindestens 1 Std. kalt stellen.

2 Dann die Kohlrabi schälen, kleine Blätter abzupfen und beiseitelegen. Kohlrabi fein reiben und salzen. Butter in einem Topf schmelzen lassen und die Kohlrabi darin 10 Min. bei mittlerer Hitze dünsten. Die Blätter nach Belieben in Streifen schneiden und gegen Ende der Garzeit unter den Kohlrabi mischen. Mit Salz abschmecken.

3 Polenta aus der Form nehmen und die Folie abziehen. Die Polenta in acht oder zwölf Scheiben schneiden. Das Olivenöl in einer beschichteten Pfanne erhitzen. Speckscheiben darin bei mittlerer Hitze knusprig braun braten, herausnehmen und auf Küchenpapier abtropfen lassen. Polenta-scheiben in derselben Pfanne 4 Min. braten, dabei einmal wenden. Speck auf die Polentascheiben legen und mit dem Kohlrabi anrichten.

UNBEDINGT PROBIEREN – KLEINE KOHLRABISTRUDEL

Dafür die Kohlrabi wie oben beschrieben zubereiten, kurz etwas abkühlen lassen. Den Backofen auf 200° (Umluft 180°) vorheizen. 4 Strudelteigblätter (aus dem Kühlregal) in 15 x 25 cm große Rechtecke schneiden. 2 EL Butter schmelzen lassen und die Teigblätter damit bestreichen, etwas Butter übrig lassen. 4 EL gemahlene Nüsse (z.B. Haselnüsse) auf den Strudelteig streuen. Die Kohlrabi mit 8 gehackten Sauerampferblättern mischen und ebenfalls auf den Teigblättern verteilen. 1 geräuchertes Forellenfilet (ohne Haut) vierteln und jedes Viertel jeweils auf das untere Teigdrittel legen. Beide seitlichen Teigränder einschlagen und die Strudelblätter von unten her straff aufrollen. Mit der »Naht« nach unten auf ein mit Backpapier ausgelegtes Blech legen, mit der restlichen Butter bestreichen. In den Ofen (Mitte) schieben und die Strudel in 12–14 Min. goldbraun backen. Nach Belieben mit einem Klecks saure Sahne servieren.

Ich liebe frische Erbsen, vor allem, wenn sie noch am Beet aus den Schoten gepalt wurden. (Palen ist das Fachwort, nicht pulen. Falls es Ihnen seltsam vorkommt, sind Sie in guter Gesellschaft. Selbst die Rechtschreibhilfe meines Textverarbeitungsprogramms kennt das Wort nicht). Jedenfalls ist dieser Wunsch ein hinreichender Grund, um vom Großstadt-Dschungel mindestens bis in einen Vorort zu ziehen. Die Ernte macht viel Arbeit, der Ertrag ist mager, aber das macht nichts. So ist das Leben.

Erbsen-Reis-Puffer mit Minze und Knoblauchgemüse

ZUTATEN für 4 Personen:
125 g normaler Langkornreis
   oder Basmatireis
2 Eier (M)
160 ml Milch
80 g Mehl
Salz | Pfeffer
200 g Erbsen (gepalt, ohne
   Schoten, entspricht 500 g
   Bruttogewicht)
1–2 junge Knoblauchknollen
4 Stängel Minze
200 g Naturjoghurt
1–2 TL Chilipulver
1 TL gemahlener Kreuzkümmel
je 3 EL Öl und Butter

ZUBEREITUNGSZEIT: 45 Min.
PRO PORTION: ca. 445 kcal

1 Den Reis nach Packungsanweisung gar kochen, danach bei Bedarf abgießen. Den Reis in einer flachen Form verteilen und kurz abkühlen lassen.

2 Eier mit Milch und Mehl wie für einen Pfannkuchenteig glatt rühren, mit Salz und Pfeffer würzen. Reis und Erbsen mit dem Teig vermischen, ruhen lassen, bis der Teig gebraucht wird. Den Knoblauch schälen. Minze abbrausen und trocken schütteln, Blättchen abzupfen und nach Belieben hacken. Joghurt mit Chilipulver, Kreuzkümmel und Salz würzen.

3 In einer kleinen Pfanne 1 EL Butter mit 1 EL Öl schmelzen lassen. Darin Knoblauch unter Rühren bei ganz geringer Hitze in 10 Min. hellbraun und weich braten. Salzen, pfeffern, warm halten. Backofen auf 100° vorheizen.

4 In einer großen beschichteten Pfanne nach und nach übrige Butter mit restlichem Öl schmelzen lassen. Mit einem Esslöffel kleine Erbsen-Reis-Puffer in die Pfanne setzen und auf jeder Seite 3 Min. backen. Im Ofen warm halten. Weitere Puffer backen, bis der Teig aufgebraucht ist. Mit Knoblauchgemüse, Joghurt und Minze anrichten und servieren.

RANDGRUPPENREZEPT – ERBSENPÜREE MIT GEBRATENER BLUTWURST
200 g mehligkochende Kartoffeln schälen, waschen, klein würfeln und mit ¼ l Milch zugedeckt 10 Min. bei geringer Hitze kochen lassen. Mit Salz und frisch geriebener Muskatnuss würzen. 400 g Erbsen zugeben, weitergaren, bis die Kartoffeln weich sind. 1–3 EL Butter zugeben, mit einer Gabel grob pürieren. 200 g grobe Blutwurst in 1 cm dicken Scheiben bei starker Hitze in einer beschichteten Pfanne in 2 EL Öl auf jeder Seite 1 Min. braten, auf Küchenpapier abtropfen lassen. Mit dem Püree servieren. Eventuell Majoranblättchen und rohe oder knusprig gebratene Zwiebelringe aufstreuen.

ERBSEN UND ZUCKERSCHOTEN

Ja, es ist wahr: Erbsen brauchen Platz und machen relativ viel Arbeit – bei vergleichsweise kleiner Ausbeute. Aber wer einmal die unvergleichliche Süße einer ganz frisch gepflückten Erbse geschmeckt hat, nimmt die Mühe auf sich, wenigstens eine kleine Reihe Erbsen oder Zuckerschoten im Garten anzubauen. Gekaufte Erbsen schmecken nie so schön süß, weil sich der Zucker in der Frucht schon kurz nach der Ernte zu zersetzen beginnt. Am ehesten findet sich diese Süße noch in Tiefkühlerbsen, die sofort nach der Ernte noch auf dem Feld schockgefrostet werden. Doch um Tiefkühlware soll es hier ja nun nicht gehen ... Erbsen haben eine bewegte Geschichte. Schon vor 4 000 Jahren wurden sie in China kultiviert und um die Wissenschaft haben sie sich auch verdient gemacht. Schließlich wissen wir bereits aus dem Biologieunterricht: mithilfe von Erbsen hat Gregor Johann Mendel die Vererbungsgesetze entdeckt! Davon abgesehen sind die kleinen Bio-Bomben sehr gehaltvoll.

Erbsen stecken voller Eiweiß, Vitamine und Mineralstoffe, besonders Eisen und das für die Mobilisation des Eisens notwendige Kupfer. Und das ebenso großzügig enthaltene Vitamin B1 wehrt Stechmücken und andere lästige Biester ab. Von den mehr als tausend Sorten sind Pal- oder Schalerbsen, Markerbsen und Zuckerschoten am bekanntesten. Schalerbsen haben große, glatte Körner. Nachteil: Man muss sie auspulen oder besser gesagt auspalen. Die etwas kleineren Markerbsen schmecken süß und zart, solange sie jung und grün sind. Eine besondere Delikatesse sind Zuckeroder Kaiserschoten. Wir ernten sie jung und essen sie mitsamt ihrer flachen Hülse. Ehrlich gesagt pflanzen wir vor allem Zuckerschoten an. Mit ihnen haben wir zwei Fliegen mit einer Klappe geschlagen: Wenn man Zuckerschoten später erntet, kann man sie auch noch wie normale Erbsen verwenden. Besonders schön finde ich die Sorte »Kapuzinererbse«, deren Schoten dunkelviolett werden. Das macht sich sehr gut zwischen den vielen grünen Blättern. Beim Garen wandelt sich das Violett dann aber auch wieder in Grün.

HEGEN UND PFLEGEN

Von Anfang April bis Ende Mai werden die Samen etwa fünf Zentimeter tief in kleine Gräben direkt ins Beet in humosen, lockeren Boden gesät. Dann wird gründlich gewässert, aber in den folgenden Wochen mit Wasser gespart – zu feucht mögen es die Pflanzen auch nicht. Ob niedrig oder hoch wachsende Sorte: Wenn sie etwas größer sind, brauchen Erbsen und Zuckerschoten eine Kletterhilfe. Das kann ein Spalier sein, Maschendraht oder ein Gestell aus Haselruten. Bevor man die Rankhilfe aufstellt, alle Pflanzen mit etwas Erde anhäufeln. Dann auf beiden Seiten der Pflanzenreihen dünne Äste tief in den Boden des Beets stecken, an die die Triebe angebunden werden. Wenn die Pflanzen dann größer sind, halten sie sich mit ihren Wickelranken selbst an den Ästen fest. Für alle Erbsen in Töpfen eignet sich die Wigwam-Methode sehr gut. Dafür mehrere Bambusstäbe oder Äste schräg in die Erde am Topfrand stecken und oben in der Topfmitte zusammenbinden. Wichtig ist,

dass die Rankhilfe solide verankert ist und dass die Pflanzen einigermaßen windgeschützt stehen – Erbsen können ein ganz schönes Eigengewicht bekommen. Wie alle Schmetterlingsblütler versorgen Erbsen den Boden mit wertvollem Stickstoff. Deshalb lassen wir von abgeernteten Pflanzen immer die Wurzeln im Boden und ziehen jedes Jahr an einer anderen Stelle unsere Erbsenreihen. Durch diese Gründüngung wird nach und nach der ganze Boden aufgepeppt. Neuerdings züchte ich auch gerne Erbsensprossen. Verschiedene Sprossen in der Küche zu verwenden, ist ja ein richtiger Trend geworden. Dazu säe ich die Samen besonders dicht aus – im Beet oder in einer Schale. Wenn die Pflanzen etwa 15 Zentimeter hoch sind, schneide ich die Triebspitzen unter den obersten Blättern ab und streue sie dann zum Beispiel über einen Salat. Schmeckt wunderbar frisch und knackig und ist natürlich total gesund.

Selbst wenn Koriander nicht genießbar wäre – was ja viele Menschen so sehen –, würde ich ihn trotzdem pflanzen. Die zart gefiederten Blätter, die kleinen, weißen Blüten und die knackig-grünen Samen sind auch ein Augenschmaus.

Reisnudeln mit Zuckerschoten und Zitrone

ZUTATEN für 4 Personen:
300 g Reisnudeln (in Spaghetti- oder Bandnudelform)
1 Bio-Zitrone
2 Knoblauchzehen
1 Stück Ingwer (etwa 4 cm)
400 ml Kokosmilch
1–2 TL Garam Masala, Curry- pulver oder Currypaste
Salz
1 Bund Koriandergrün
250 g Zuckerschoten

ZUBEREITUNGSZEIT: 30 Min.
PRO PORTION: ca. 490 kcal

1 Die Reisnudeln in einer Schüssel mit kaltem Wasser bedecken und so lange quellen lassen, bis sie gebraucht werden. Die Zitrone heiß waschen und abtrocknen, die Schale mit einem Messer hauchdünn abschälen. Die Zitronenschale in möglichst feine Streifen schneiden (Saft für ein anderes Rezept verwenden). Den Knoblauch und Ingwer schälen und fein hacken. In einem weiten Topf reichlich Wasser zum Kochen bringen.

2 Inzwischen in einem Wok oder einem großen Topf 3 EL Kokosmilch erhitzen (falls sich eine dickliche Creme in der Dose oben abgesetzt hat, überwiegend diese verwenden). Garam Masala, Currypulver oder -paste dazugeben und mit der Kokosmilch verrühren, 2–3 Min. kochen, bis die Mischung anfängt zu braten. Knoblauch, Ingwer und die Zitronenschale zugeben, restliche Kokosmilch aufgießen. Die Sauce 5 Min. bei mittlerer Hitze kochen lassen, dann salzen und zur Seite stellen.

3 Zwischendurch den Koriander abbrausen und trocken schütteln, Blättchen abzupfen und sehr grob hacken. Zuckerschoten waschen, putzen und längs halbieren oder dritteln. Kochendes Wasser salzen, dann die Zuckerschoten darin 3 Min. kochen lassen. Schoten mit einem Schaumlöffel aus dem Wasser nehmen, abschrecken. Reisnudeln in ein Sieb abgießen, in das Schotenkochwasser geben und nach Packungsanweisung bissfest kochen.

4 Die Reisnudeln in ein Sieb abgießen und mit den Zuckerschoten zur Kokossauce geben, alles vermischen und einmal kurz aufkochen lassen. Abschmecken, mit Koriander bestreuen und sofort servieren.

SONNTAGSVARIANTE
2 Forellenfilets (ohne Haut) in 1 cm breite Streifen schneiden, mit 2 EL Mehl mischen und das überschüssige Mehl abschütteln. 200 ml Öl in einer beschichteten Pfanne erhitzen. Darin die Filetstreifen in 5–6 Min. knusprig ausbacken. Aus der Pfanne nehmen, auf Küchenpapier abtropfen lassen, mit Meersalz bestreuen und auf den Nudeln anrichten.

Die Anregung für dieses Rezept stammt von unseren Reisen nach Vietnam, wo wir lange für »Vietnam – Küche und Kultur« recherchiert haben. Dort lernten wir auch »Bo La Lot« kennen, das sind kleine, gegrillte Rindfleischröllchen in Betelblättern. Meine Variante mit Bärlauch und saurer Sahne erinnert mich jedes Mal an das tolle Projekt, und sie schmeckt mindestens genauso gut. Mit gekochtem Reis dazu wird daraus ein Hauptgericht.

BärLaLot – Bärlauchröllchen mit Hackfleisch

1 Die Holzspieße in Wasser legen und darin einweichen, bis sie gebraucht werden. Knoblauch und Ingwer schälen, die Chilischote(n) entstielen, alles zusammen fein hacken. Mit Fünf-Gewürze-Pulver, Kurkuma, Zucker, Fisch- oder Sojasauce und dem Hackfleisch gründlich verkneten, leicht salzen. Die Masse 30 Min. in den Kühlschrank stellen, dann noch einmal durchkneten.

2 Die Bärlauchblätter abbrausen, trocken tupfen und auf der Arbeitsfläche ausbreiten. Auf jedes Blatt 1 EL Hackfüllung geben, zu Würstchen formen und mit dem Blatt fest zu einem fingerdicken Röllchen aufrollen. Je 3 Röllchen auf einen Holzspieß stecken. Mit dem Öl bepinseln.

3 Die BärLaLot-Spieße bei geringer Hitze in einer Grillpfanne (noch besser: auf einem Holzkohlegrill) auf beiden Seiten je 3–4 Min. grillen. Eine normale beschichtete Pfanne tut es im Zweifelsfall natürlich auch.

DAZU PASSEN: NÜSSE UND RAHM
Dafür 2 EL gehackte, geröstete gesalzene Erdnüsse und 100 g saure Sahne, die mit Salz und Pfeffer gewürzt wurde, mit den BärLaLot auf den Tisch stellen, sodass sich jeder selbst davon nehmen kann.

DER AROMA-KICK
Vogelfutter keimt bei uns gerne an den seltsamsten Stellen – in Blumentöpfen, in den Beeten oder sogar im Gewächshaus. Unter den Keimlingen sind oft Senfpflanzen. Die jungen Blätter ähneln denen von Kohlrabi und schmecken roh oder gedünstet mild nach Kohl. In Vietnam gehört Senfkraut auf jeden Kräuterteller. Falls Sie also zufällig Senfblätter im Garten finden, schneiden Sie sie in Streifen und streuen ein paar davon über die gewürzte saure Sahne. Junge Kohlrabiblättchen, Koriandergrün oder Petersilie eignen sich ebenfalls als Garnitur.

ZUTATEN für 4 Personen:
2 Knoblauchzehen
1 Stück Ingwer (etwa 3 cm)
1–2 Chilischoten
1 EL Fünf-Gewürze-Pulver
  (ersatzweise Currypulver)
1 TL gemahlene Kurkuma
1 EL Zucker
2 EL Fisch- oder Sojasauce
500 g gemischtes Hackfleisch
Salz
24 große Bärlauchblätter
2 EL Öl
Außerdem:
8 lange Holzspieße

ZUBEREITUNGSZEIT: 30 Min.
KÜHLZEIT: 30 Min.
PRO PORTION: ca. 450 kcal

Die Spargelzucht gehört zu den Vergnügen fortgeschrittener Gemüsegärtner. Für den ersten Versuch ist Grünspargel auf jeden Fall geeignet, weil man ihn weder bleichen, noch unterirdisch stechen muss. Wir haben kein Spargelbeet, weil unser Boden dafür viel zu lehmig ist – Spargel braucht sandige, durchlässige Erde. Aber meine Eltern hatten mehr Glück mit ihrem Boden, so gab es in meiner Kindheit oft gegrillten Grünspargel aus der Folie.

ZUTATEN für 4 Personen:
1 kg grüner Spargel
4 Knoblauchzehen
1 Bio-Zitrone
4 EL Olivenöl
2 EL Butter
Salz | Pfeffer
Korianderkörner (nach Belieben)
1 Bund Frühlingskräuter (z.B.
 Estragon, Kerbel, Petersilie,
 Schnittlauch, Sauerampfer
 und Pimpernelle)
Außerdem:
4 Bögen Alufolie (30 x 30 cm)
Holzkohlegrill

ZUBEREITUNGSZEIT: 20 Min.
GARZEIT: 20 Min.
PRO PORTION: ca. 170 kcal

Gegrillter Grünspargel

1 Den Spargel waschen und die unteren Enden abschneiden. Falls nötig, das untere Drittel der Spargelstangen schälen. Oft sind die Spargelstangen aber so zart, dass die Schale auch dort dran bleiben kann. Einfach mal ein kleines Endstück von einer Stange abbrechen: Wenn es fasert, dann muss man das Stück schälen. Den Spargel auf den Folienbögen verteilen.

2 Knoblauch samt Schale anquetschen, auf den Spargel legen. Zitrone heiß waschen, in dünne Scheiben schneiden und ebenfalls darauf verteilen. Mit Olivenöl beträufeln, mit Butter in Flöckchen belegen, salzen, pfeffern. Nach Belieben den Koriander grob zerstoßen und den Spargel damit würzen. Die Alufolienbögen sorgfältig zu Päckchen verschließen.

3 Den Holzkohlegrill vorheizen. Den Spargel bei geringer bis mittlerer Hitze auf dem Grill – am besten mit Deckel – 20 Min. garen. (Sie können den Spargel auch im 200° heißen Backofen (Mitte, Umluft 180°) garen.)

4 Die Kräuter abbrausen und trocken schütteln, die Blättchen abzupfen und sehr grob hacken. Spargel vom Grill nehmen und mit einer Schüssel voller Kräuter servieren. Jeder Gast packt seinen Spargel aus, lässt ihn auf den Teller gleiten, gießt den Dünstfond darüber und bestreut das Gemüse mit Kräutern. Dazu schmecken am besten Weißbrot und Salzkartoffeln.

MIT EINER LEICHTEN SAUCE HOLLANDAISE ALS HAUPTGERICHT
Dafür 4 Schalotten schälen, ½ kleine Fenchelknolle waschen und putzen, beides fein würfeln. Mit 400 g stückigen Dosentomaten bei geringer Hitze in 30 Min. dick einkochen, dabei nach 20 Min. 4 EL Estragon- oder Weißweinessig zugeben, salzen. 4 Eigelbe (M) mit je 4 EL Weißwein und Wasser in einer Metallschüssel über dem heißen Wasserbad dickschaumig schlagen, vom Herd nehmen. Nach und nach 100 g flüssige Butter unterrühren, dann das Tomatenpüree. Mit Salz und Pfeffer würzen. Zum Spargel servieren.

Viele Köche bevorzugen in ihrer Freizeit oft rustikale Genüsse, und so schätze auch ich die Lammschulter genauso wie die Lammkeule. Die Schulter hat mehr Biss und Geschmack als Keule oder Rücken – und ist dabei auch noch günstiger. Für alle, die Lammgeschmack nur in zarter Dosierung lieben, ist jedoch die Keule besser geeignet. Und wer gar kein Lamm mag, kann das Rezept wunderbar mit einem Kalbstafelspitz zubereiten.

Aroma-Lamm mit Knuspersalbei

1 Ein tiefes Backblech in den Backofen (Mitte) schieben, den Ofen auf 220° (Umluft 200°) vorheizen. Die Kartoffeln unter fließendem Wasser so sauber schrubben, dass man die Schale später mitessen kann. Kartoffeln in dünne Scheiben schneiden (etwa 3 mm), großzügig auf Küchentüchern ausbreiten und trocken tupfen. Salbei abbrausen und trocken schütteln, die Blättchen abzupfen. Die Knoblauchzehen samt Schale leicht anquetschen.

2 Öl in einem Topf erhitzen. Salbeiblätter darin knusprig frittieren, aus dem Öl heben und auf Küchenpapier abtropfen lassen. Öl bis auf 2 EL mit Kartoffeln und Knoblauch mischen, auf dem Blech im Ofen verteilen und 10 Min. anbraten. Inzwischen die Lammschulter trocken tupfen, dicke Fettschichten etwas dünner schneiden, Fleisch mit Salz, Pfeffer und eventuell Fenchel würzen. Restliches Salbeiöl in einer großen Pfanne erhitzen und darin die Lammschulter in etwa 5 Min. rundherum goldbraun anbraten.

3 Kartoffeln etwas zur Seite schieben, die Lammschulter aufs Blech legen und die Temperatur auf 200° (Umluft 180°) reduzieren. Alles zusammen in etwa 25 Min. fertig garen – nach dieser Zeit ist die Schulter rosa gebraten (10 Min. später wäre sie gerade eben durch). Lammschulter aus dem Ofen nehmen, auf einer Platte 5 Min. ruhen lassen, dann aufschneiden.

4 Kartoffeln in einem Sieb abtropfen lassen. Salbei und Kartoffeln (samt Knoblauch, den kann man aus der Schale drücken) salzen, eventuell mit Chili würzen. Mit Lammschulter und Zitronenspalten servieren.

DAZU PASST: LEICHTE SPINAT-MAYO
Dafür 1–2 Handvoll vom ersten Frühlingsspinat verlesen, waschen, grob hacken und mit 1 fein geschnittenen Frühlingszwiebel 2–3 Min. in 1 EL Butter andünsten. Vom Herd nehmen und mit je 2 EL Mayonnaise (siehe Seite 91) und Crème fraîche verrühren.

ZUTATEN für 6 Personen:
800 g neue Kartoffeln (nicht zu groß)
1 Bund Salbei
2–3 Knoblauchzehen
¼ l Sonnenblumen- oder Rapsöl
1 Lammschulter (ohne Knochen, etwa 1,25 kg; genauso fein: Lammkeule)
Salz | Pfeffer
Fenchelsamen und Chilipulver (nach Belieben)
Zitronenspalten zum Servieren

ZUBEREITUNGSZEIT: 30 Min.
GARZEIT: 25 Min.
PRO PORTION: ca. 945 kcal

Wenn die Sonne lacht und der Frühling uns auf die Terrasse treibt, dann ist Rhabarber mit Buttermilcheis ein ideales Dessert – ob mit oder ohne vorhergehendem Menü. Mein Eis ist nicht sehr süß, dafür herrlich erfrischend. Nachteil: Im Tiefkühlfach wird es schnell hart. Also am besten sofort essen. Bei kühlem Wetter serviere ich Rhabarber karamellisiert ohne Eis, dafür mit Butterklößchen (siehe Seite 77), oder gleich als Rhabarberkuchen (siehe Seite 74).

ZUTATEN für 4 Personen:

Für das Eis:
500 g Buttermilch
90 g Honig
2 cl Aprikosen- oder Williams-
  birnengeist (ersatzweise 1 TL
  Honig)
4 Stängel Zitronenmelisse
Für den Rhabarber:
500 g Rhabarber
100 g Erdbeeren oder Himbeeren
½ TL schwarze Pfefferkörner
100 g Zucker
1 TL Butter

ZUBEREITUNGSZEIT: 40 Min.
GEFRIERZEIT: 6–8 Std.
PRO PORTION: ca. 260 kcal

Karamellisierter Rhabarber mit Buttermilcheis

1 Zuerst das Eis vorbereiten: Buttermilch, Honig und Aprikosen- oder Williamsgeist verrühren und in einem Rührbecher ins Tiefkühlfach stellen. Sobald das Eis beginnt zu gefrieren, ab und zu mit einem Stabmixer durchrühren, damit das Eis zum Schluss schön cremig wird. Nach 6–8 Std. ist es fertig. (Eine Eismaschine wäre natürlich auch eine feine Sache, muss aber in diesem Fall nicht sein.)

2 Dann Rhabarber waschen, die Enden abschneiden. Von sehr dicken, ausgewachsenen Rhabarberstangen die Haut abziehen. Den Rhabarber in fingerlange Stücke schneiden, dicke Stücke längs halbieren. Die Erdbeeren waschen und vierteln, dabei die Stielansätze entfernen, Himbeeren verlesen und nur falls nötig waschen. Den Pfeffer grob mahlen oder fein mörsern.

3 Den Zucker mit 3 EL Wasser in einer großen Pfanne kochen, bis er geschmolzen ist und hellbraun karamellisiert. Butter, Rhabarber und die Erdbeeren oder Himbeeren in den Karamell geben, mit 100 ml Wasser ablöschen, einen Deckel auf die Pfanne legen. Alles 10 Min. bei sehr geringer Hitze garen. Dann den Deckel abnehmen und die Rhabarbermischung mit einem Schaumlöffel aus der Pfanne heben. Den Pfeffer in die Karamellsauce geben und diese einkochen, bis sie nicht mehr ganz flüssig ist.

4 Die Zitronenmelisse abbrausen und trocken schütteln, die Blättchen abzupfen, fein hacken und unter das fertige Buttermilcheis rühren. Mit Rhabarber und Pfefferkaramell anrichten.

FARBLICHE UNTERSTÜTZUNG
Erdbeeren oder Himbeeren passen nicht nur geschmacklich zu Rhabarber, die roten Früchte verschönern auch die Farbe von gekochtem Rhabarber. Darum sollte immer eine kleine Menge roter Beeren in Rhabarberkompott, -konfitüre oder -crumble kommen.

ERDBEEREN

Leuchtend rot und mit dem Aroma nach Sonne: Erdbeeren sind Vorboten paradiesischer Sommergenüsse. Vorausgesetzt sie schmecken wirklich süß und aromatisch und nicht wässrig, unreif oder matschig. So bekommt man die Früchte leider oft zu kaufen – noch dazu, wenn man glaubt, sie außerhalb der Saison essen zu müssen. In punkto Geschmack lautet die Devise bei Erdbeeren aber: idealer Erntezeitpunkt, kurze Transportwege, die richtige Sorte. Also deutsche Erdbeeren während der Saison ab Juni essen. Am besten man pflückt sie dann auch selbst auf einem Erdbeerfeld. Gärtner bauen sie natürlich gerne im eigenen Garten an. Neugierige können auch mal unbekanntere Sorten ausprobieren wie die »Mieze Schindler«. Diese hocharomatische Sorte wurde 1935 in Dresden gezüchtet. Königin in Sachen Aroma ist und bleibt für mich die Walderdbeere. Und die gibt's ja nun überhaupt nicht zu kaufen. Bei uns im Garten dagegen wächst sie fröhlich vor sich hin.

HEGEN UND PFLEGEN

Wir haben verschiedene Jungpflanzen gekauft: Gartenerdbeeren, die im Juni dicke Früchte bekommen, und Monatserdbeeren, die vom Sommer bis zum ersten Frost kleine Beeren hervorbringen. Weil die Pflanze von der Walderdbeere abstammt, lebt sie bei einem humusreichen Boden mit Waldcharakter richtig auf. Also am besten mit halbverrottetem Laub mulchen. Die Pflanzen mögen es halbschattig bis sonnig und gleichmäßig feucht. Die Früchte sollten aber nicht mehr mit Wasser benetzt werden – sie bekommen leicht Grauschimmel. Zudem schmecken sie bei zu viel Wasser am Ende weniger süß. Etwas Stroh auf der Erde hält die Beeren trocken und sauber und die Schnecken fern. Im Oktober schneiden wir die Blätter bis etwa sieben Zentimeter über dem Boden ab, damit sich keine Krankheitserreger ansiedeln. Nach zwei bis drei Erntejahren ist eine Erdbeerpflanze erschöpft, dann sollte man neue pflanzen. Das ist ganz einfach, denn Erdbeeren bilden nach der Ernte jede Menge Ableger.

RHABARBER

Man liebt ihn oder man hasst ihn, diesen leicht süßen, aber vor allem sauren Geschmack von Rhabarber. Zu Kompott gekocht und in Begleitung von – sagen wir – einer Vanillesauce ist er aber wirklich köstlich. Oder als Saft mit Prosecco, im Kuchen, als Chutney zu Fleisch ... Rhabarber ist kurios. So ist er zum Beispiel gar keine Frucht, sondern ein Gemüse. Und als solches gehört er zu den Knöterichgewächsen, ist also mit Buchweizen und Sauerampfer verwandt. Der merkwürdige Name wiederum stammt vom lateinischen »reubarbarum« ab, was soviel heißt wie »Wurzel der Barbaren«. Barbaren nannten die Römer alle, die ihnen fremd waren. In China wurde schon vor 5 000 Jahren Rhabarber als Heilmittel genutzt, auch in Europa war er bis Mitte des 19. Jahrhunderts vor allem Medizin. Wegen seines Gehalts an Oxalsäure sollte man Rhabarber nicht roh essen und die Blätter gar nicht. Und: Rhabarber nicht in Aluminiumtöpfen kochen, er bekommt sonst einen unangenehmen Beigeschmack.

HEGEN UND PFLEGEN

Auch hier fällt Rhabarber aus der Reihe: geerntet wird er von Ende März bis Ende Juni. Im Sommer muss sich die Pflanze erholen, um gut durch den Winter zu kommen. Rhabarber braucht viel Platz, und die Wurzeln können sich bis einen Meter tief in den Boden graben – also nicht unbedingt etwas für sehr kleine Beete. Wir haben uns nur eine Pflanze besorgt und im Herbst wenige Zentimeter unter der Erde in einen eher sauren, gut gedüngten Boden eingesetzt. Erst nach zwei Jahren kann man die ersten Stiele ernten, dazu dicht am Ansatz abdrehen. Abschneiden begünstigt Wurzelhalsfäule. Am besten schmecken die ersten Triebe im Frühjahr. Stellt man im Spätwinter einen Topf ohne Boden über die Knospen, treiben sie früher aus. Die Sprossen werden dann länger und heller und schmecken süßer. Generell gelten rotfleischige Sorten als weniger sauer und feiner im Aroma. Heutige Sorten müssen übrigens meistens kaum geschält, nur noch die gröbsten Fasern vom Stielende entfernt werden.

Ist es ein Schmarren? Ist es ein Omelett? Oder sind es vielleicht doch eher Dalken? Die böhmisch-bayerisch-österreichische Mehlspeisenküche ist so vielfältig, dass manche Rezepte sich ähneln. Unser Topfendessert ist leicht und frisch, deshalb nennen wir es einfach mal: Omelett. Wenn Sie das in der Pfanne zerreißen und mit Zucker karamellisieren, wird ein Schmarren daraus. Bäckt man aus der Masse ganz kleine Pfannkuchen, sind es Dalken.

Rhabarber-Topfen-Omelett

ZUTATEN für 4–6 Personen:
500 g Rhabarber
1 Bio-Zitrone
1 Vanilleschote
4 Eier (M)
250 g Topfen
100 g Crème fraîche
50 g Speisestärke
100 g Zucker
2 EL Butter
2 EL Aprikosengeist
  (nach Belieben)
2 EL Honig
2 EL Butterschmalz
Puderzucker zum Bestäuben

ZUBEREITUNGSZEIT: 35 Min.
PRO PORTION (bei 6 Personen):
  ca. 375 kcal

1 Den Backofen auf 200° (Umluft 180°) vorheizen. Rhabarber waschen, obere und untere Enden abschneiden. Wenn sich dabei Fäden lösen, mit abziehen. Den Rhabarber in 1 cm dicke Stücke schneiden. Die Zitrone heiß waschen und abtrocknen, die Schale fein abreiben und den Saft auspressen. Die Vanilleschote längs halbieren und das Mark herauskratzen, die Schote beiseitelegen. Die Eier trennen.

2 Den Topfen mit Crème fraîche glatt verrühren. Eigelbe, Stärke, Vanillemark, Zitronensaft und -schale mit dem Topfen verrühren. Die Eiweiße mit dem Zucker zu steifem Schnee schlagen.

3 In einer beschichteten Pfanne die Butter schmelzen lassen. Darin die Rhabarberstücke und Vanilleschote 6–8 Min. bei mittlerer Hitze dünsten. Nach der Hälfte der Garzeit eventuell mit dem Aprikosengeist ablöschen, Honig in die Pfanne geben und bei starker Hitze den Rhabarber glasieren.

4 Den Eischnee unter die Topfenmasse heben. Das Butterschmalz in einer ofenfesten beschichteten Pfanne schmelzen lassen. Die Topfenmasse zügig in die Pfanne gießen. Glasierten Rhabarber auf der Topfenmasse verteilen und darin einsinken lassen. Die Pfanne in den Ofen (Mitte) stellen und die Masse in etwa 10 Min. zu einem goldbraunen Omelett backen.

5 Die Pfanne aus dem Ofen nehmen, das Topfenomelett in Kuchenstücke zerteilen oder mit zwei Gabeln in größere Stücke reißen. Mit Puderzucker bestäuben und sofort servieren – am besten mit einem frisch-säuerlichen Eis wie etwa dem Buttermilcheis von Seite 55.

Tortenguss mag ich nicht, deshalb scheidet der schnellste aller Erdbeerkuchen für mich aus. Die zweitschnellste Lösung ist ein gekaufter Obstkuchenboden mit Orangencreme bestrichen und mit Erdbeeren belegt – schmeckt schon mal sehr gut. Wenn die Zeit für einen eigenen Boden reicht, dann bevorzuge ich einen Mürbeteig, der durch einen Hauch Backpulver gelockert wird, damit er sich einigermaßen schneiden lässt. Ganz perfekt werden die Stücke trotzdem selten, aber hier gilt eindeutig: Geschmack vor Schönheit.

Erdbeerkuchen mit Orangencreme

ZUTATEN für 1 Kuchen
(12 Stück):

Für den Teig:
200 g Mehl
1 gestr. TL Backpulver
100 g Zucker
70 g Butter (+ etwas mehr
  für die Form)
1 Ei (M)
Für die Füllung:
1 Bio-Orange
3 Eigelb (M)
80 g Zucker
2 EL Speisestärke oder Vanille-
  puddingpulver (40 g)
400 ml Milch
100 g Sahne
2 cl Orangenlikör oder -saft
600 g Erdbeeren
Außerdem:
Obstkuchenform mit heraus-
  nehmbarem Boden, 26 Ø,
  ersatzweise eine Springform)
Backpapier
300 g Hülsenfrüchte (zum
  Blindbacken)

ZUBEREITUNGSZEIT: 45 Min.
BACKZEIT: 25 Min.
PRO STÜCK: ca. 265 kcal

1 Für den Teig Mehl, Backpulver und Zucker mischen und mit der Butter in Flöckchen und dem Ei mit den Händen zu Krümeln zerreiben. Dann zu einem Mürbeteig kneten, etwa 30 Min. im Kühlschrank ruhen lassen.

2 Inzwischen für die Füllung Orange heiß waschen und abtrocknen, die Schale fein abreiben. Eigelbe, Zucker und Stärke oder Puddingpulver verrühren. Milch und Sahne mit der Orangenschale aufkochen, dann unter ständigem Rühren zur Eigelbmischung gießen. Zurück in den Topf schütten und bei geringer Hitze rühren, bis die Creme sämig wird. In eine Schüssel umfüllen, mit Likör oder Saft abschmecken, abkühlen lassen (siehe unten).

3 Den Backofen auf 200° vorheizen (Umluft 180°), die Form mit Butter einfetten. Mürbeteig dünn und rund ausrollen und die Form damit auslegen, dabei einen 2 cm hohen Teigrand formen. Den Teigboden mit einer Gabel mehrmals einstechen, mit Backpapier belegen, die Hülsenfrüchte darauf verteilen. Den Teig im Ofen (Mitte) etwa 20 Min. vorbacken. Dann die Form aus dem Ofen nehmen, das Backpapier samt den Hülsenfrüchten entfernen. Form wieder in den Ofen schieben und den Teig in weiteren 5 Min. goldbraun backen. Den Mürbeteigboden aus dem Ofen nehmen und abkühlen lassen.

4 Die abgekühlte Orangencreme auf dem Teigboden verteilen. Erdbeeren waschen, abtropfen lassen, putzen und halbieren (wenn gerade nur 300 g Beeren reif sind, reicht diese Menge auch; dann sieht man halt mehr von der Creme). Die Früchte auf der Orangencreme verteilen. Den Kuchen zügig servieren, damit der Boden schön knusprig bleibt.

CREME OHNE HAUT
Bestreichen Sie die fertig gekochte Orangencreme mit ein wenig flüssiger Butter, damit sie beim Abkühlen keine Haut bekommt.

Dieses Eis können kleine Kinder ganz einfach selbst machen, die wenigen Erdbeeren, die man dafür benötigt, sind schnell gepflückt. Und wer schon mit einem Taschenmesser um-gehen kann, schnitzt gleich noch die Stiele dazu, denn die sind nicht nur besonders schön: Wenn sie relativ flach, aber – absichtlich – ein bisschen unregelmäßig geschnitzt werden, halten sie auch besonders gut im Eis.

ZUTATEN für 6–8 Stück:

10 Erdbeeren

2 EL Puderzucker

4 Blättchen Minze, Verbene oder Zitronenmelisse (nach Belieben)

250 g Vollmilch-Naturjoghurt

Außerdem:

6–8 kleine Plastikbecher (ersatz-weise andere Förmchen)

6–8 Holzstiele für Eis

6–8 Pappstreifen (3 x 8 cm)

ZUBEREITUNGSZEIT: 15 Min.
GEFRIERZEIT: 4 Std.
PRO STÜCK (bei 8 Popsicles): ca. 35 kcal

Erdbeer-Joghurt-Popsicles

1 Die Erdbeeren waschen und putzen. 6 Erdbeeren in möglichst kleine Würfel schneiden, den Rest mit dem Puderzucker vermischen und mit einer Gabel zu einem Püree zerdrücken. Kräuterblättchen klein zupfen (wer keine mag, lässt sie einfach weg).

2 Erdbeerwürfel, Erdbeerpüree, Kräuter und Joghurt verrühren, in den Plastikbechern verteilen. Jeden Holzstiel durch einen Pappstreifen bohren (eventuell vorher mit einem spitzen Messer oder einer Schere ein kleines Loch vorbohren) und in die Mitte der Eismasse in jeder Form stecken, so-dass der Pappstreifen auf der Form aufliegt und so den Stiel in der Mitte hält. Im Tiefkühlfach mindestens 4 Std. einfrieren.

3 Dann die Becher kurz unter warmes Wasser halten und die Popsicles vorsichtig herausdrehen. Die Pappstreifen entfernen.

EIN REZEPT – VIELE VARIANTEN

Äpfel und auch Quitten sind nicht geeignet. Aber alle Früchte, die weich werden, wenn sie reif sind, können Sie wunderbar zu Popsicles verarbeiten. Dann lassen sich die Früchte nämlich ganz leicht pürieren und mit Kräutern, Gewürzen oder gehackten Nüssen mischen. Und diese Mischung setzt sich beim Gefrieren nicht am Boden ab – das ist der Trick und der Unterschied zum normalen Wassereis aus Fruchtsaft.

GANZ MEDITERRAN – APRIKOSEN-PINIENKERN-POPSICLES

Dafür 2 EL Zucker in einem kleinen Topf mit 2 EL Wasser kochen lassen, bis der Zucker goldbraun karamellisiert ist. 1–2 EL Pinienkerne, ½ TL ge-hackten Rosmarin und 1 TL Butter dazugeben und kurz unterrühren. Auf einem Teller abkühlen lassen und grob hacken. 300 g Aprikosen waschen, entsteinen und mit einem Stabmixer pürieren. Mit 1 EL frisch gepresstem Zitronensaft und wenig Puderzucker abschmecken, Pinienkern-Rosmarin-Krokant unterrühren. Masse wie oben beschrieben abfüllen und gefrieren.

An einem Sonntagmorgen nach Ostern erfand unsere achtjährige Tochter Emma mit ihrer Freundin Julia die Osterhasen-Creme. Eine kinderleichte Idee, um aus faden Schoko-Osterhasen ein feines Desserts zu zaubern! Die Zubereitung dauert, bis auch die langweiligen Erwachsenen ausgeschlafen haben. Dabei helfen eine Auswahl an Kräutern und ein gut gefülltes Gewürzregal. Wussten Sie, dass Piment sehr gut zu Minze und Schokolade passt?

ZUTATEN für 4 Personen:
1 Schoko-Osterhase (100 g)
1 Schoko-Osterhase mit
  Schokolinsenfüllung
  (100 g Schokolade und
  20 g Schokolinsen)
etwa 25 Minzeblättchen
1 Bio-Zitrone
100 g Sahne
1 gestr. TL gemahlenes Piment
1 gestr. TL gemahlener Zimt
2 EL Waldhonig
500 g Erdbeeren
Außerdem:
lange Holzspieße

ZUBEREITUNGSZEIT: 10 Min.
PRO PORTION: ca. 440 kcal

Osterhasen-Creme

1 Die Osterhasen in eine Schüssel (am besten aus Metall) legen. Den Hasen mit den Schokolinsen aufbrechen, die Linsen herausnehmen und beiseitelegen. Die Schüssel in einen Topf mit kochendem Wasser hängen und die Schokolade schmelzen lassen.

2 Während die Hasen schmelzen, die Minze und 3 der beiseitegelegten Schokolinsen hacken (die anderen Linsen essen). Die Zitrone heiß waschen und abtrocknen, Zitronenschale fein abreiben, ganz wenig Saft auspressen.

3 Jetzt die Sahne zur Schokolade geben und gut unterrühren. Gehackte Minze und Schokolinsen, Zitronenschale, Piment, Zimt und Honig dazugeben, alles noch mal umrühren. Mit 1 Spritzer Zitronensaft abschmecken. Die Schüssel aus dem Wasserbad nehmen und die Osterhasen-Creme in Schälchen oder kleine Tassen umfüllen.

4 Die Erdbeeren waschen, putzen, eventuell halbieren und auf die Holzspieße stecken. Mit der Osterhasen-Creme auf den Tisch stellen, sodass jeder seine Beeren selbst in die Creme tunken kann.

WEIHNACHTLICH – NIKOLAUS-CREME

Dafür 200 g Schoko-Nikoläuse in eine Schüssel legen und wie oben beschrieben schmelzen. 100 g Sahne zugeben und unterrühren. Mit 1 TL Lebkuchengewürz und 1 Mini-Prise Salz abschmecken. 100 g Nüsse aus dem Nikolausstiefel im elektrischen Blitzhacker zerkleinern. 100 g Weichnachtskekse zerbröseln und mit den Nüssen mischen. 6 Mandarinen oder 3–4 Orangen schälen, in die einzelnen Segmente teilen und auf die Spieße stecken. Die Früchte in die Creme eintunken, in den Nuss-Keks-Bröseln wälzen und gleich essen.

JOHANNISBEEREN

An den verschiedensten Plätzen im Garten haben wir Johannisbeersträucher gepflanzt – damit wir sehen, wo sich die Pflanze am wohlsten fühlt. Fest steht: Sie mag es sonnig. Die Sträucher im Halbschatten wachsen nicht so gut. Auch klar ist: Vögel lieben Johannisbeeren. Sie schnappen sie sich schon von den Sträuchern, wenn die Beeren noch unreif sind. Obwohl wir sehr großzügig sind, wenn unsere Ernte als Vogelfutter dient, geht uns das dann doch zu weit. Jetzt spannen wir über die Sträucher Netze, sobald im Frühjahr die ersten kleinen, noch grünen Beeren an ihnen zu sehen sind. Erst wenn wir die reifen roten Johannisbeeren im Juni geerntet haben, kommen die Netze wieder runter. Auf diese Weise haben wir immerhin ein paar Wochen lang jeden Morgen eine kleine Handvoll ganz frische Beeren für unser Müsli. Wem Johannisbeeren roh etwas zu sauer sind: Einkochen! Die Johannisbeeren gelieren bestens und ihre schöne rote Farbe kommt in Gelees und Konfitüren toll zur Geltung.

HEGEN UND PFLEGEN

Wie alle Beerenfrüchte mögen Johannisbeeren viel Sonne und einen nährstoffreichen Boden mit einer schönen Mulchschicht darauf. Besonders schwarze Johannisbeeren können gar nicht oft genug gedüngt werden. Weiße Johannisbeeren gehören zu den roten Johannisbeeren, schwarze dagegen sind eine eigene Art und schmecken auch ganz anders als die roten oder weißen Beeren. Alle Arten sollten mit mindestens 1,5 Metern Abstand zu ihrem »Nachbarn« gepflanzt werden. Nach der Ernte – immer ganze Rispen abschneiden – brauchen die Sträucher einen leichten Sommerschnitt. Es gibt verschiedene Schnittstrategien. Ich entferne nur ein paar überschüssige Triebe, damit sich die übrigen besser entfalten können. Die neuen Triebe kürze ich um ein Drittel ein. Erst im Winter beschneide ich unsere Sträucher stärker. Dann schneide ich jeden dritten Hauptast dicht über seinem Ansatz ab. Meistens reicht dafür die Gartenschere – bei größeren Sträuchern kann es auch die Astschere sein.

STACHELBEEREN

Der erste Stachelbeerstrauch kam versehentlich in unseren Garten. Als frischgebackene Gärtner hatten wir im Gartencenter einmal eine Stachelbeere für eine Johannisbeere gehalten – natürlich waren zu diesem Zeitpunkt noch keine Früchte an der Pflanze. Das wäre sicher nicht passiert, wenn wir schon damals auf Gärtnereien mit persönlicher Beratung Wert gelegt hätten. Nun, dann also ein Stachelbeerstrauch. Der säuerliche und gleichzeitig süße Geschmack der Beeren macht sich besonders gut in Kuchen, finde ich. Stachelbeeren sind übrigens die einzigen heimischen Beeren, die noch grün gepflückt werden können: Unreife Beeren sind sogar perfekt zum Konfitürekochen. Große Früchte geben mehr Saft, kleine sind allerdings oft aromatischer. Unreife Stachelbeeren gibt's schon ab Ende Mai, reife im Juli und August. Die meisten Stachelbeeren werden rot, wenn sie reif sind. Manche Sorten bleiben aber auch im reifen Zustand grün. Die roten Sorten schmecken etwas milder und süßer als die grünen.

HEGEN UND PFLEGEN

Stachelbeeren am besten im Herbst pflanzen und dann jedes Jahr ausschneiden. Die Pflanze gehört zu den Selbstbefruchtern, trotzdem bringt sie mehr Ertrag, wenn man verschiedene Sorten im Garten kultiviert. Sie braucht humosen, nicht zu trockenen Boden und freut sich über reichlich Kompost und Mulch. Und Kalium. Das bewirkt gerade bei der Stachelbeere, dass die Pflanze mehr Früchte statt zu viel Laub produziert. Wenn ich also Holzasche zur Verfügung habe, werfe ich immer eine Handvoll davon an unsere zwei Sträucher. Holzasche steckt voller Kalium. Das hält die Pflanze gesund und gibt ihr Kraft – und die kann sie gut gebrauchen im Kampf gegen zwei fiese Feinde: die Blattwespe und den Mehltau. Leider sind Stachelbeeren ein bisschen anfällig für diese beiden Übel. Die Strategie lautet also: Wehret den Anfängen! Eine kräftige Pflanze kann sich einfach jeder Art von Unheil besser widersetzen. Das gilt eigentlich für alle Pflanzen – ach, für alle Lebewesen.

Wer nicht immer einen ganzen großen Kuchen verbrauchen kann, aber trotzdem das »kleine Süße« zum Kaffee schätzt, der füllt ganz einfach so viele Zitronentörtchen, wie er mag. Den Rest einfrieren und erst bei Bedarf mit Erdbeeren und Schlagsahne fertigstellen.

Zitronentörtchen mit sahniger Erdbeerfüllung

ZUTATEN für 12 Stück:
100 g Butter (+ etwas mehr fürs Blech oder die Formen)
1 Bio-Zitrone
300 g Mehl (+ etwas mehr fürs Blech oder die Formen)
2 TL Backpulver
1 kleine Prise Salz
3 Eier (M)
125 g Zucker
200 g Vollmilch-Naturjoghurt
400 g Erdbeeren
200 g Sahne
Außerdem:
12er-Muffinblech oder 12 Brioscheformen

ZUBEREITUNGSZEIT: 25 Min.
BACKZEIT: 20–25 Min.
PRO STÜCK: ca. 285 kcal

1 Den Backofen auf 180° (Umluft 160°) vorheizen. Die Butter schmelzen und kurz auskühlen lassen. Die Zitrone heiß waschen und abtrocknen, die Schale fein abreiben, Saft auspressen. Mehl, Backpulver und Salz mischen. Das Muffinblech oder die Brioscheformen einfetten, mit Mehl ausstäuben.

2 Die Eier und den Zucker mit den Quirlen des Handrührgeräts schaumig schlagen. Die Butter mit dem Joghurt verrühren, dann mit Zitronenschale und -saft unter die Schaummasse rühren. Mehlmischung mit der Joghurt-Eier-Mischung vermengen, dabei nur so lange rühren, bis sich die Masse verbindet – damit die Törtchen schön zart werden.

3 Den Teig in den Mulden des Muffinblechs oder in den Brioscheformen verteilen. Im Ofen (Mitte) 20–25 Min. backen. Die Zitronenmuffins aus dem Ofen nehmen und kurz stehen lassen, dann aus dem Blech oder den Formen lösen. Auf einem Kuchengitter auskühlen lassen.

4 Die Erdbeeren waschen und putzen, klein würfeln oder in Scheiben schneiden. Die Sahne steif schlagen. Zitronenmuffins jeweils horizontal in 3 Scheiben schneiden – sozusagen in 3 Mini-Tortenböden. Mit Sahne und Erdbeeren füllen (siehe unten), wieder zusammensetzen. Bald servieren.

GUT GEFÜLLT
Wenn Sie die Erdbeeren würfeln und mit der Sahne vermischen, sind die Törtchen ruck, zuck gefüllt. Wenn Sie die Erdbeeren in Scheiben schneiden, ist die Prozedur etwas aufwändiger und die fertigen Törtchen sind weniger stabil, dafür sehen sie dann aber besonders hübsch aus: Dafür jeweils den untersten Muffinboden mit wenig Sahne bestreichen (oder die Sahne aufspritzen), die Erdbeerscheiben auflegen und noch etwas Sahne auf die Erdbeeren geben. Den nächsten Boden mit Sahne bestreichen, auflegen, mit Erdbeeren belegen, Sahneklecks drauf, Deckel drauf. Fertig.

Linzer Rhabarberkuchen

1 Backofen auf 200° (Umluft 180°) vorheizen. Rhabarber waschen, obere und untere Enden abschneiden. Wenn sich dabei Fäden lösen, mit abziehen. Rhabarber in etwa 4 cm lange Stücke schneiden. Frische Himbeeren nur falls nötig abbrausen. Rhabarber und Himbeeren eng in eine Kastenform füllen. 200 g Puderzucker mit 5 EL Wasser einmal aufkochen, über die Früchte gießen, mit Alufolie abdecken, 25 Min. im Ofen (Mitte) garen.

2 Rhabarber und Himbeeren in ein Sieb geben, ablaufenden Sirup abtropfen lassen. Die Hälfte des Sirups einkochen, bis er die Konsistenz von dickflüssigem Honig hat. Übrigen Sirup anderweitig verwenden (siehe unten).

3 Den Backofen auf 160° (keine Umluft nehmen) zurückschalten. Den Boden einer Springform mit Backpapier auslegen, den Rand einfetten. Butter und übrigen Puderzucker mit den Quirlen des Handrührgeräts weißschaumig rühren. Gewürze, Vanillezucker, Zitronenschale, Salz und 1 Ei unterschlagen, dann das zweite Ei unterschlagen. Die Mandeln mit Kuchenbröseln und Mehl mischen und unter die Creme ziehen.

4 Teig in der Form verteilen und mit einem Esslöffel glatt verstreichen, dabei rundherum einen etwa 2 cm breiten Rand hochziehen. Rhabarber, Himbeeren und eingekochten Rhabarbersirup auf dem Teig verteilen. Im Ofen (zweite Schiene von unten) in etwa 1 Std. goldbraun backen.

RHABARBERSIRUP ÜBRIG?
Glücklicherweise bleibt immer ein Rest Rhabarbersirup zurück, wenn Sie diesen Kuchen backen. Damit lassen sich feine Kindergetränke mischen: mit Mineralwasser, frisch gepresstem Zitronensaft und Minze. Noch besser macht sich der Sirup in unserem neuen **Rhabarber-Cooler-Rezept:** Jeweils 4 cl Rhabarbersirup und Wodka mit 1 EL frisch gepresstem Zitronen- oder Limettensaft in ein Glas mit Eiswürfeln geben, mit Prosecco oder Tonicwater aufgießen. Mit dünnen Rhabarberstängeln umrühren.

KUCHENBRÖSEL NEU IM EINSATZ
Österreichische Konditoren haben aus den Kuchenresten, die jeden Tag in der Backstube angefallen sind, die klassische Linzertorte kreiert. Die Idee habe ich mir hier zunutze gemacht: Brösel von übrig gebliebenem Kuchen kommen in den Teig des Rhabarberkuchens. Um zu Hause solche Reste parat zu haben, am besten überschüssigen Biskuit oder Hefezopf im Tiefkühlfach sammeln, bis genügend »Material« für einen Kuchen da ist. Oder einfach die entsprechende Menge fertige Kekse oder Löffelbiskuits in einem elektrischen Blitzhacker zerkleinern. Das traditionelle Teiggitter auf der Torte lasse ich weg – so wird der Kuchen fruchtiger.

ZUTATEN für 1 Kuchen
  (12 Stück):
1 kg Rhabarber
100 g Himbeeren (frisch oder TK)
300 g Puderzucker
200 g weiche Butter (+ etwas
  mehr für die Form)
1 TL gemahlener Zimt
1 Msp. gemahlene Nelken
1 Pck. Vanillezucker
1 TL fein abgeriebene Bio-
  Zitronenschale
1 Msp. Salz
2 Eier (M)
125 g gemahlene Mandeln
175 g Kuchenbrösel
  (siehe Tipp)
75 g Mehl
Außerdem:
Kastenform (11 x 30 cm)
Alufolie
Springform (26 cm Ø)
Backpapier

ZUBEREITUNGSZEIT: 35 Min.
GARZEIT: 25 Min.
BACKZEIT: 1 Std.
PRO STÜCK: ca. 395 kcal

Johannisbeernarren

1 Johannisbeeren waschen und die Beeren von den Rispen streifen. Ein paar Beeren für die Garnitur beiseitelegen, den Rest mit dem Zucker vermischen und mit einer Gabel zerdrücken.

2 Die Sahne steif schlagen und mit dem Joghurt verrühren. Joghurtsahne und zerdrückte Johannisbeeren in Gläser schichten, dabei mit der Gabel ganz leicht marmorieren. Die Kekse zerkrümeln und auf den »Johannisbeernarren« verteilen, mit den beiseitegelegten Beeren garnieren.

BEEREN MIT ODER OHNE SAMEN?

Die Samen in Johannis- oder Himbeeren stören manch feine Zunge. Um sie zu entfernen, die zerdrückten Früchte mit der »Flotten Lotte« passieren, so wird das Püree edler, aber auch etwas flüssiger. Aus dem gleichen Grund wird häufiger aus den Beeren Gelee statt Konfitüre gekocht, weil die Samen beim Entsaften automatisch entfernt werden. Probieren Sie trotzdem mal eine Johannisbeerkonfitüre aus passierten Früchten, also ohne Schalen und Samen aber mit Fruchtfleisch. Das Passieren ist zwar mühsam, aber es lohnt sich: Die Marmelade hat eine ganz andere Struktur als das glatte Gelee.

ZUTATEN für 4–6 Personen:
400 g Johannisbeeren (nach Belieben rote, weiße und schwarze Johannisbeeren)
3–4 EL Zucker | 200 g Sahne
150 g griechischer Naturjoghurt (10 % Fett)
8 Mürbeteigkekse (ersatzweise 4 EL Knuspermüsli)

ZUBEREITUNGSZEIT: 10 Min.
PRO PORTION (bei 6 Personen):
ca. 245 kcal

Stachelbeercrumble

1 Mehl, Zucker und die Butter in Flöckchen mit den Fingern zu Bröseln reiben. Wenn die Masse schon recht »streuselig« aussieht, die Haferflocken dazugeben und mit den Streuseln locker vermischen, kalt stellen.

2 Den Backofen auf 175° vorheizen. Stachelbeeren waschen und in einem Sieb gut abtropfen lassen, Stielansätze abknipsen oder abschneiden. Süße Früchte mit 1 EL Honig, säuerliche Früchte mit 2 EL in der Form mischen. Die Streusel auf den Stachelbeeren verteilen und den Crumble im Ofen (Mitte, Umluft 160°) in etwa 45 Min. goldbraun backen. Den Stachelbeercrumble aus dem Ofen nehmen, 10 Min. ruhen lassen und servieren.

DAS BESTE VEREINT

In diesem einfachen Dessert aus dem englischen Kulturkreis kommt nur das Feinste vom Streuselkuchen zusammen, nämlich die Streusel und die Früchte, ohne den Boden. Statt Stachelbeeren können Sie auch alle anderen Früchte verwenden, die nicht zu weich sind, zum Beispiel Birnen, Äpfel, Kirschen oder Zwetschgen. Quitten sind auch sehr lecker, die müssen aber erst in einem Zitronen-Zucker-Wasser weich gekocht werden, bevor sie in den Crumble eingeschichtet werden dürfen.

ZUTATEN für 4–6 Personen:
120 g Mehl
120 g brauner Zucker
120 g Butter
60 g kernige Haferflocken
500 g Stachelbeeren
1–2 EL Honig
Außerdem:
ofenfeste Form (etwa 24 cm Ø)

ZUBEREITUNGSZEIT: 15 Min.
BACKZEIT: 45 Min.
RUHEZEIT: 10 Min.
PRO PORTION (bei 6 Personen):
ca. 380 kcal

Holunderblüten eignen sich nicht nur für Klassiker wie Sirup oder Küchlein (die Rezepte dafür finden Sie auf www.Küchengötter.de), sondern auch zum Aromatisieren von Erdbeerkonfitüre oder um exotisch anmutende Fruchtsaucen zu kreieren. Einfach einige Blütenstände mitkochen und am Ende der Garzeit wieder entfernen. Die Blütenblätter, die sich beim Kochen lösen, dürfen ruhig in Konfitüre oder Sauce bleiben.

Butterklößchen mit Beeren-Holunder-Sauce

ZUTATEN für 4 Personen:

Für die Klößchen:
125 g Löffelbiskuits
75 g weiche Butter
1 zimmerwarmes Ei (M)
1 zimmerwarmes Eigelb (M)
Salz

Für die Sauce:
200 g Stachelbeeren oder Johannisbeeren
2–3 Holunderblütendolden (wenn gerade keine Saison ist, einfach weglassen)
¼ l Apfelsaft
1 Pck. Vanillezucker
1 TL Pimentkörner (nach Belieben)
½ getrocknete Chilischote (eventuell ein bisschen mehr zum Drüberbröseln)

ZUBEREITUNGSZEIT: 35 Min.
KÜHLZEIT: 30 Min.
PRO PORTION: ca. 365 kcal

1 Für die Klößchen die Löffelbiskuits in einem elektrischen Blitzhacker zu Bröseln zerkleinern. Die Butter mit den Quirlen des Handrührgeräts cremig rühren. Das Ei und Eigelb nacheinander unter die Butter schlagen, dabei jeweils 1 EL Biskuitbrösel zugeben. Die Masse mit den restlichen Bröseln verkneten und den Teig mindestens 30 Min. kalt stellen.

2 Für die Sauce Stachel- oder Johannisbeeren waschen. Von den Stachelbeeren die Stielansätze abknipsen oder abschneiden, Johannisbeeren von den Rispen streifen. Die Holunderblüten vorsichtig abbrausen und trocken schütteln. Beeren und Blütendolden mit den restlichen Zutaten in einem kleinen Topf mit Deckel aufkochen und etwa 12 Min. bei geringer Hitze köcheln lassen. Dolden aus der Sauce nehmen, Sauce durch ein Sieb streichen (nach Belieben vorher ein paar Beeren für die Garnitur beiseitestellen) – sie soll nicht zu dick sein, mehr wie ein Süppchen als eine dicke Sauce.

3 Zwischendurch in einem weiten Topf reichlich Wasser zum Kochen bringen, schwach salzen. Mit angefeuchteten Händen aus dem Bröselteig kleine Klößchen formen, in dem Wasser kurz aufkochen, dann darin bei geringer Hitze 10 Min. sanft ziehen lassen. Die lauwarme Sauce in tiefen Tellern oder in Suppentassen verteilen. Die Klößchen mit einem Schaumlöffel aus dem Wasser heben und in die Sauce setzen, eventuell mit den Beeren garnieren und ein bisschen getrocknete Chili darüberbröseln.

PIKANT STATT SÜSS – BROTKLÖSSCHEN MIT BEERENSAUCE
Für die Klößchen die Biskuitbrösel durch 100 g Brotbrösel ersetzen, den Teig mit Salz und frisch geriebener Muskatnuss abschmecken. Die Sauce nur mit 1 TL Vanillezucker würzen und gleichzeitig leicht salzen. 2 Baby-Zucchini waschen, putzen, in hauchdünne Scheiben schneiden, salzen und auf Tellern verteilen, mit den Klößchen und der Sauce servieren.

Sommer

PFLÜCKSALAT

Vitamine am laufenden Band – mit Salat auf dem Balkon oder im Garten ganz einfach! Ideal für diesen Zweck: Pflücksalat, der ab März direkt in Töpfe oder ins Beet gesät werden kann. Pflück- oder Schnittsalat bildet im Gegensatz zum Kopfsalat keine »Köpfe«. Er braucht keinen besonderen Boden und gedeiht auch im Halbschatten. Schon nach vier Wochen können die ersten Blätter für den Salat abgezupft werden. Und das Tolle: Pflücksalat treibt immer wieder neu, wenn man ihn gut düngt, ausreichend gießt und jeweils nur die äußeren Blätter aberntet. So ist bis in den Herbst gesichert, dass Salat ganz frisch auf den Tisch kommt. Es gibt verschiedene Sorten. Bekannt ist zum Beispiel der grüne und rote Lollo, der stark gekrauste, grüne oder rötliche Blätter hat, die eine dichte Rosette bilden. Wir pflanzen aber vor allem Eichblattsalat, dessen Name sich auf seine eichblattförmigen, zarten Blätter bezieht, die schön nussartig schmecken. Wir mögen neben der grünen besonders die rote Variante.

KOPFSALAT

Der Klassiker darf natürlich auch in unserem Beet nicht fehlen. Wobei wir nur wenige Pflanzen haben, weil so ein ausgewachsener Kopfsalat doch ganz schön Raum einnimmt. Es gibt Früh-, Sommer- und Herbstsorten, sodass es bei richtiger Planung nie zu Engpässen in der Versorgung kommen muss. Man kann Kopfsalat ab März vorsäen und dann in Töpfe pikieren. Ab Mai, wenn die Pflanzen mindestens vier Laubblätter haben, setzen wir sie nicht zu tief ins Freie. Vorher kommt Kompost aufs Beet. Wie die meisten Salatsorten mag Kopfsalat viel Sonne und einen humosen, durchlässigen Boden, der gerne kalkhaltig sein darf. Und wie bei allen Salaten gibt es auch bei Kopfsalat leider gerne Schneckenalarm – besonders bei jungen Pflanzen. Da hilft nur kontrollieren und im Fall des Falles eliminieren. Der Salat kann geerntet werden, sobald sich schöne feste Köpfe gebildet haben. Wartet man zu lange, fängt Kopfsalat an zu schießen. Wir ernten nachmittags, dann ist Salat nitratärmer.

RUCOLA

Lange Zeit war die Salatrauke – das ist der deutsche Name für Rucola – hierzulande in Vergessenheit geraten, heute ist sie bei uns fast überall auf den Speiseplänen zu finden. Jetzt heißt sie eben Rucola und verbreitet italienisches Flair. Eine meiner bevorzugten Pizzen beim Italiener ist Prosciutto-Rucola. Obwohl, da ist das Kraut manchmal ziemlich bitter, wenn ausgewachsene Blätter verwendet wurden. Besser schmecken sie natürlich jung, ganz frisch aus dem Garten. Salatrauke wächst so schnell wie Kresse – nach etwa vier Wochen ernten wir die langen Blätter. Wichtig ist, sie vor der Blüte und nicht zu tief abzuschneiden, damit die Pflanze weiterwachsen kann. Von April bis September säen wir Rucolasamen alle zwei bis drei Wochen an einer sonnigen Stelle etwa einen Zentimeter tief in Reihen aus. Dann halten wir die Erde gleichmäßig feucht. Das ist eigentlich alles, Rucola ist nicht sehr anspruchsvoll. Die nussigen, leicht scharfen Blätter passen bestens in Salate oder auch mal zu Fleisch.

ROMANA

Dieser Blattsalat hat viele Namen: Römischer Salat, Romanasalat, Lattuga, Lattich. Oder Bindesalat, weil man früher bei älteren Sorten den lockeren Kopf zusammenbinden musste, damit die Salatherzen zart und hell blieben. Damals baute man Romanasalat nur in der Mittelmeerregion an, heute ist er aber in ganz Europa und in Nordamerika zu Hause. Seine länglichen Blätter sind kräftig grün, stark gewellt und haben ausgeprägte mittlere Blattrippen. Der Romana wächst fast aufrecht stehend und kann bis zu 40 Zentimeter hoch werden. Er verträgt Hitze bestens und ist ziemlich schossfest, also ideal für den Anbau im Sommer! Wir setzen ab Mai Jungpflanzen ins Beet. Spätester Pflanztermin: Mitte Juli. Romana ist kräftiger in Struktur und Geschmack als die meisten Salate. Seine inneren hellgelben Blätter verwenden wir hauptsächlich roh für – klar! – Salate. Romana kann aber auch gegart werden, deshalb hat er noch einen weiteren Namen: Kochsalat. Gedünstet schmecken die Blattrippen dann spargelartig.

Brotsalat einmal anders: Der Witz an meinem Lieblings-Sommersalat ist die Kombination der gewohnten Zutaten mit einer süßen Melone. Um die selber anzubauen, benötigen Sie entweder eine gesegnete Lage mit optimalem Weinbauklima, ein großes Frühbeet oder ein kleines Gewächshaus. Oder Sie gehen zu einem guten Gemüsehändler und kaufen sie dort. Wenn Sie all das aber nicht haben oder diesen Salat schon zum 44-sten Mal zubereiten, dann ersetzen Sie die Melone doch einfach mal durch Tomaten.

Sommersalat mit Melone, Bohnen, Parmaschinken, Romana und Röstbrot

ZUTATEN für 4 Personen:
200 g getrocknete Bohnenkerne (z.B. Borlottibohnen, ersatzweise 400 g gegarte Bohnenkerne aus dem Glas)
1 Zweig Rosmarin
2 Knoblauchzehen
2 Lorbeerblätter
Salz
1 Handvoll Romana-Salatblätter
1 Bund Fenchelkraut oder Dill
½ süße Melone (z.B. Netz- oder Galiamelone)
200 g Weißbrot vom Vortag (auch fein: Bauernbrot)
5–6 EL Olivenöl
etwa 4 EL frisch gepresster Zitronensaft
Pfeffer
80 g Parmaschinken (in möglichst dünnen Scheiben)

ZUBEREITUNGSZEIT: 20 Min.
EINWEICHZEIT: 12 Std.
GARZEIT: 1 Std.
PRO PORTION: ca. 435 kcal

1 Die Bohnenkerne in einen Topf geben und reichlich kaltes Wasser aufgießen. Die Bohnen etwa 12 Std. einweichen und quellen lassen. Dann das Einweichwasser abgießen und so viel frisches Wasser in den Topf füllen, dass die Bohnen zwei Fingerbreit damit bedeckt sind.

2 Rosmarin abbrausen, 1 Knoblauchzehe samt Schale leicht anquetschen, beides mit den Lorbeerblättern in den Topf geben. Bohnen bei mittlerer Hitze in etwa 1 Std. weich kochen, erst kurz vor Schluss salzen.

3 Die Salatblätter waschen, trocken tupfen und kleiner zupfen. Fenchelkraut oder Dill abbrausen, trocken schütteln und die Spitzen grob hacken. Melone entkernen und in Spalten schneiden. Melonenschale abschneiden, die Melonenspalten quer in mundgerechte Stücke schneiden.

4 Das Weißbrot 2 cm groß würfeln. Übrige Knoblauchzehe samt Schale anquetschen und mit den Brotwürfeln in eine große Pfanne geben. Das Brot bei mittlerer Hitze rösten, bis es etwas Farbe angenommen hat, dann 2 EL Olivenöl zugeben und die Würfel noch 1–2 Min. weiterrösten.

5 Die Bohnen in ein Sieb abgießen, abschrecken und abtropfen lassen, Kräuter und Knoblauch entfernen. Bohnen, Salat, Melonenstücke, Fenchelkraut oder Dill und die Brotwürfel (ohne den Knoblauch) in einer Schüssel mischen. Mit Zitronensaft beträufeln, mit Salz und Pfeffer würzen, übriges Olivenöl dazugeben. Den Parmaschinken in grobe Stücke zupfen und mit dem Salat mischen, abschmecken.

Das Bacon-Lettuce-Tomato-Sandwich ist ein Klassiker amerikanischer Diner-Kultur. Mit hart gekochtem Ei und vielen Kräutern entsteht daraus ein Lettuce-Egg-Tomato-Sandwich. Ein paar knusprige Speckstreifen schaden natürlich trotzdem nicht, dann wäre es ein BLET. Und ohne Salat, dafür aber mit gegrillter Aubergine (englisch: Eggplant) wird es zum BEET. Dazu gibt es natürlich viele weitere Abwandlungsmöglichkeiten – man kann sein Sandwich täglich neu dem individuellen Angebot an Kräutern und Gemüse anpassen. Fein.

LET-Sommersandwich

ZUTATEN für 4 Personen:
2 Eier (M)
4 Blatt Kopfsalat, Romana-
    salat, Lollo Verde, ...
2 Tomaten
6 Stängel Estragon
1 Bund glatte Petersilie
4–6 EL Mayonnaise (nach
    Belieben selbst gemacht,
    siehe Tipp)
Salz | Pfeffer
8 Scheiben Kastenweißbrot
    oder Sandwichbrot
Außerdem:
Zahnstocher zum Fixieren

ZUBEREITUNGSZEIT: 15 Min.
PRO PORTION: ca. 250 kcal

1 Die Eier in knapp 10 Min. hart kochen. Salatblätter waschen und trocken tupfen. Tomaten waschen und in dünne Scheiben schneiden, dabei Stielansätze entfernen. Kräuter abbrausen und trocken schütteln, die Blättchen abzupfen und hacken. Kräuter mit der Mayonnaise mischen, salzen, pfeffern.

2 Die Eier abschrecken, schälen, grob würfeln oder hacken und locker unter die Kräuter-Mayo mischen. Die Brotscheiben leicht toasten.

3 Die Hälfte der Brotscheiben mit wenig Kräuter-Mayo bestreichen. Salat zurechtzupfen, die Scheiben damit belegen. Restliche Kräuter-Mayo auf dem Salat verteilen und mit Tomatenscheiben belegen, salzen und pfeffern. Die übrigen Brotscheiben auflegen, leicht andrücken und die Sandwiches diagonal halbieren. Mit Zahnstochern fixieren.

DAS »LET« BESONDERS FEIN
Natürlich schmeckt das Sandwich auch, wenn Sie fertige Mayonnaise verwenden. Noch feiner wird's aber mit selbst gemachter Mayo (Seite 91) – am besten mit einer Mischung aus Sonnenblumen- und Olivenöl hergestellt.

NOCH EINS AUF DIE HAND – GURKENSANDWICH
Dafür ½ Salatgurke waschen, in dünne Scheiben schneiden, salzen und kurz ziehen lassen, dann mit Küchenpapier trocken tupfen. 1 Handvoll Kerbel abbrausen, trocken schütteln, hacken und mit 1–2 TL scharfem Senf, 1 EL Honig und 3 EL Crème fraîche verrühren. Die Creme mit Salz, Pfeffer und 1 TL Weißweinessig abschmecken. 4 nicht zu große Scheiben Bauernbrot nach Belieben toasten und quer halbieren. Die Hälfte der Brote mit der Hälfte der Creme bestreichen, mit 200 g kaltem Bratenaufschnitt und den Gurkenscheiben belegen, dann mit der übrigen Creme bestreichen. Restliche Brotscheiben auflegen, leicht andrücken, die Sandwiches längs halbieren und eventuell mit Zahnstochern fixieren.

Thunfisch ist ein wunderbarer und wohlschmeckender Fisch – nur leider so bedroht, dass wir ihn vollständig von unserer Speisekarte streichen sollten. Ein Jammer. Doch manche Gerichte, wie das ebenfalls wunderbare italienische »Vitello Tonnato«, Kalbfleisch mit Thunfischsauce, schmecken in einer neuen Variante sogar noch besser. Meine Makrelensauce passt auch zu gebratenen Kalbsschnitzelchen. Und wer es ganz eilig hat, verwendet eine fertige Brühe und serviert die Sauce zu Roastbeefscheiben vom Metzger.

»Vitello Makrelo«

ZUTATEN für 4 Personen:
1 Zwiebel
1 Knoblauchzehe
1 Zweig Rosmarin
2 Lorbeerblätter
1 Bio-Zitrone
Salz | Pfeffer
600 g Kalbshüfte oder Kalbs-
    tafelspitz
100 g Makrelenfilet (ohne Haut
    und Gräten, eventuell den Rest
    vom ganzen Fisch einfrieren)
4 Stangen Staudensellerie
    (mit den Blättern)
1 Handvoll Pflücksalat
1 EL Kapern (in Lake)
4 EL Olivenöl
3 EL Crème fraîche
3 EL Mayonnaise (nach Belieben
    selbst gemacht, siehe Tipp)
Weißbrot zum Servieren

ZUBEREITUNGSZEIT: 35 Min.
    + Abkühlzeit
GARZEIT: 35 Min.
PRO PORTION: ca. 270 kcal

1 Zwiebel und Knoblauch samt Schale halbieren, Rosmarin abbrausen, alles mit Lorbeerblättern in 1 l Wasser aufkochen. Zitrone heiß waschen, beide Endstücke mit etwas Fruchtfleisch abschneiden, in die Brühe geben, salzen und pfeffern. Kalbfleisch in die Brühe legen und bei geringer Hitze offen 35 Min. sanft garen. Topf vom Herd nehmen, alles abkühlen lassen.

2 Von der noch heißen Brühe 100 ml abnehmen und mit dem Makrelenfilet in einen Topf geben, aufkochen, 5 Min. bei geringer Hitze ziehen lassen, vom Herd nehmen und ebenfalls abkühlen lassen.

3 Von der übrigen Zitrone Saft auspressen. Sellerie waschen und putzen, die Blätter abzupfen und einige davon beiseitelegen, den Rest fein hacken. Die Stangen in dünne Scheiben schneiden. Den Salat waschen, trocken schleudern und in mundgerechte Stücke zupfen. Kapern mit Küchenpapier trocken tupfen. 2 EL Öl in einer Pfanne erhitzen, darin die Kapern knusprig braten. Das Kalbfleisch in hauchdünne Scheiben schneiden – mit einem langen scharfen Messer oder mit einer Aufschnittmaschine.

4 Filet samt Brühe mit einem Stabmixer fein pürieren, mit Crème fraîche, Mayonnaise und gehackten Sellerieblättern verrühren, mit wenig Zitronensaft, Salz und Pfeffer würzen. Selleriescheiben und Salat mit Salz, Pfeffer, 2 TL Zitronensaft und übrigem Öl durchmischen. Beides mit Kalbfleisch, Kapern und beiseitegelegten Sellerieblättern anrichten. Mit Weißbrot servieren.

MAYONNAISE SELBST GEMACHT

1 ganz frisches zimmerwarmes Eigelb (M) mit 1 TL Senf, 1 EL frisch gepresstem Zitronensaft, Salz und Pfeffer in einem Rührbecher mit den Quirlen des Handrührgeräts verschlagen, dabei nach und nach 200 ml Öl (fürs Vitello am besten 1 Teil Olivenöl, 2 Teile kalt gepresstes Rapsöl) einlaufen lassen. Wird die Mayonnaise dabei zu fest, mit 1 EL lauwarmem Wasser verdünnen.

ZUCCHINI

Eine Zucchinipflanze gehörte schon zu unseren Schützlingen, als wir nur einen kleinen Stadtbalkon zum Beackern hatten. Jawohl, das geht. Empfehlenswert für den Balkon sind kletternde Sorten wie »Black Forest«, die an einem Rankgerüst nach oben wachsen. Auch im Gemüsegarten gehören Zucchini zu meinen Lieblingen. Sie sind äußerst unkompliziert und recht dekorativ mit ihren gelben Blüten, sie wachsen schnell und vor allem schenken sie uns von Juni bis Oktober reichlich Früchte. Wir haben zwei Pflanzen im Beet und manchmal überlege ich, ob nicht eine ausreichen würde für unsere kleine Familie. Das Besondere bei der Zucchinipflanze: Sie bekommt männliche und weibliche Blüten, aber nur an den weiblichen wachsen auch Früchte. Manchmal knipsen wir ein paar Blüten ab und bereiten uns eine geschmackvolle Pasta mit ihnen zu. Die Blüten sind wirklich eine Delikatesse. Aber auch die Früchte sind es – zubereitet auf die verschiedensten Arten.

Geschmort oder gegrillt schmecken Zucchini einfach köstlich oder roh und fein geschnitten als Carpaccio mit Essig, Öl und frisch geriebenem Parmesan. Der Zucchino stammt aus Italien und ist ein Sommerkürbis. Den erntet man am besten so früh, dass Schale und Kern noch schön zart sind und gut mitgegessen werden können – dann sind die Zucchini etwa zehn Zentimeter lang. Wenn bei uns eine vergessene Frucht doch bis auf Armlänge gewachsen ist, bereiten wir sie trotzdem zu. Wir schälen sie einfach und entfernen die Kerne. Gewürfelt und gebraten mundet das Fruchtfleisch auch so. Dennoch, eine zügige Ernte hat neben dem geschmacklichen auch den Vorteil, dass immer wieder Früchte nachwachsen. Wichtig: Im Gegensatz zu Winterkürbissen halten sich Sommerkürbisse aber nach der Ernte nicht lange. Einmal schnitt ich auch alle Blüten einer Pflanze auf einmal ab – in jenem Sommer kamen allerdings keine Zucchini mehr. Denn nur, wenn ein paar weibliche und ein paar männliche Blüten an der Pflanze zur gleichen Zeit blühen, gibt es auch Früchte.

HEGEN UND PFLEGEN

Im März oder April ziehe ich immer ein paar Jung-pflanzen aus Samen in kleinen Torftöpfen vor. Ein ganzes Arsenal dieser Töpfchen – auch mit anderen Samen – steht dann in zwei flachen Wannen auf den Fensterbrettern in unserem Haus. Und zwar da, wo einerseits die Sonne hinscheint und andererseits die Heizung nicht zu sehr aufgedreht ist. 20 Grad sind optimal für die Keimung. Nach den Eisheiligen Mitte Mai buddeln wir im Beet an einer sonnigen Stelle zwei große Löcher, geben ordentlich Kompost oder frischen Mist hinein und setzen darauf je eines der schönsten vorgezogenen Zucchinipflänzchen. Danach kommt wieder Erde dazu und es wird angegossen, fertig. Zucchini sind einfach in der Pflege: Weil sie Stark-zehrer sind, brauchen sie nur reichlich Wasser und Dünger. Manchmal muss man sie vor Schnecken schützen. Also ab und zu alle mächtigen Blätter hoch-heben, um zu kontrollieren, ob sich darunter ein paar Übeltäter verstecken konnten.

Zum Thema Bestäubung habe ich einen tollen Tipp aufgeschnappt: Wenn der Sommer zu kühl und zu feucht ist, fliegen leider nicht genug Insekten herum, um die Blüten zu bestäuben. Es bilden sich keine Früchte. Abhilfe schafft da die Handbestäubung mit einem Wattestäbchen oder einem kleinen Pinsel – damit im Inneren einer männlichen Blüte (die haben nur einen Stiel und keinen Fruchtansatz) etwas Pollen aufnehmen und diesen dann ganz vorsichtig in eine weibliche Blüte tupfen. Super, oder?
Die großen Blätter der Zucchinipflanze sind wie ihre Stängel ein bisschen rau. Wer empfindliche Haut hat, sollte beim Hantieren mit den Pflanzen lieber Garten-handschuhe tragen. Davon abgesehen schützen die großen Blätter aber vor zu viel Unkraut. Wenn sie in meinem kleinen Beet dann allerdings doch zu sehr anderes Gemüse oder Blumen überwuchern, schneide ich ab und zu ein paar ältere Blätter ab. Das haben mir die Pflanzen bisher immer verziehen. Auf jeden Fall sollte man bei der Beetplanung schon vorab mindes-tens einen Quadratmeter pro Pflanze einplanen.

Zucchiniblüten zu füllen, ist mir meist zu lästig an lauen Sommerabenden, an denen ich mich gerne im Garten herumtreibe. Zu viel Arbeit für zu wenig Effekt. Trotzdem sollten nie mehr als zwei oder drei Baby-Zucchini gleichzeitig an der Pflanze hängen, damit sich die Früchte am besten entwickeln können. Doch was tun mit den überzähligen Blüten? Am liebsten ist mir die Wiener-Schnitzel-Methode: die geht schnell, schmeckt toll und macht deutlich mehr aus den zarten gelben Blüten.

Panierte Zucchiniblüten

ZUTATEN für 4 Personen:
8–12 Zucchiniblüten (mit oder ohne Baby-Zucchini)
4 EL Mehl
5 EL Semmelbrösel
2 Eier (M)
Salz | Pfeffer
2 EL Butterschmalz

ZUBEREITUNGSZEIT: 15 Min.
PRO PORTION: ca. 190 kcal

1 Die Zucchiniblüten vorsichtig abbrausen und trocken schütteln. Die Blütenstempel abknipsen, die Baby-Zucchini mit Küchenpapier trocken tupfen. Dickere Zucchini der Länge nach zwei- oder dreimal bis kurz vor den Blütenansatz einschneiden.

2 Mehl und Semmelbrösel jeweils in einen tiefen Teller geben. Eier in einen dritten tiefen Teller aufschlagen und verquirlen, kräftig mit Salz und Pfeffer würzen. Die Zucchiniblüten erst im Mehl, dann in den Eiern und zum Schluss in den Bröseln wenden.

3 Das Butterschmalz in einer großen beschichteten Pfanne schmelzen lassen. Darin die Zucchiniblüten auf jeder Seite in 2–3 Min. bei mittlerer Hitze goldbraun backen. Kurz auf Küchenpapier abtropfen lassen und dann sofort servieren. Dazu passen kleine Schnittlauch-Butterbrote oder cremige Dips wie die Kräuter-Mayo von Seite 86.

WER KANN DA NEIN SAGEN – ZUCCHINIBLÜTEN-PICCATA
Dafür 8–12 Zucchiniblüten wie oben beschrieben vorbereiten. 100 g Bergkäse reiben und in einem tiefen Teller mit 3 Eiern (M) verquirlen, salzen und pfeffern. 4 EL Mehl ebenfalls in einen tiefen Teller geben. Die Blüten erst im Mehl und dann in der Käse-Ei-Mischung wenden. In einer großen beschichteten Pfanne 2 EL Butter in 2 EL Olivenöl schmelzen lassen. Darin die Blüten auf jeder Seite in 2–3 Min. bei mittlerer Hitze goldbraun backen, dann auf Küchenpapier kurz abtropfen lassen. Dazu passen – neben den Schnittlauchbroten – ein Tomatensalat oder eine kalte Tomatensauce aus klein gewürfelten Tomaten, etwas fein geschnittenem Basilikum, Olivenöl, Salz, Pfeffer und einem Hauch Knoblauch.

KAPUZINERKRESSE

Kapuzinerkresse bekommt hübsche Blüten und ist anspruchslos. Aber: Mit ganz besonderer Vorliebe wird sie von Blattläusen verzehrt. Viele Leute säen diese Kresse nur, um die Läuse von anderen Pflanzen fernzuhalten. Doch das ist ungerecht! Kapuzinerkresse verdient es, um ihrer selbst willen gepflanzt zu werden. Schließlich sind sowohl Blüten und Blätter als auch – wie Kapern eingelegt – die unreifen Samen essbar. Und wenn im Sommer Marienkäfer & Co. ausschwärmen, erledigt sich die Blattlausplage von selbst, lange bevor die Pflanze blüht. Das Ziehen ist einfach: Die dicken Samen mit etwa fünf Zentimeter Abstand in die Erde drücken. Wer früh blühende Pflanzen haben möchte, zieht einige in Töpfchen in der Wohnung vor, ab Mai kann man die Samen direkt in den Garten säen. Es gibt kletternde und niedrig wachsende Sorten. Die Pflanze braucht sehr viel Wasser, aber einen nährstoffarmen Boden. Nicht düngen! Bei zu viel Nährstoffen entwickelt Kapuzinerkresse weniger Blüten.

BORRETSCH

Das Gurkenkraut mit den pelzigen Blättern und den himmelblauen Blüten erlebt ein Revival in deutschen Gärten. Nicht nur Bienen und Hummeln werden von den hübschen Blüten magisch angezogen: Auch wir streuen sie als essbare Deko auf Salate oder Desserts. Die Blätter sollten möglichst jung gepflückt werden, sie schmecken gurkenartig und passen prima in Salat. Im Gegensatz zu den meisten anderen Kräutern liebt der saftstrotzende Borretsch einen feuchten und nahrhaften Boden. Wenn er noch ein sonniges, nicht zu warmes Plätzchen bekommt, gedeiht er friedlich vor sich hin und wird bis zu einem Meter hoch. Die einjährige Pflanze stirbt im Spätsommer ab, doch bis dahin hat sie viele Samen selbst ausgesät. Leider kann Borretsch bei manchen Menschen eine Kontaktallergie auslösen. Eine Freundin bekam einmal regelrechte Verbrennungen am Bein. Seitdem bin ich vorsichtig – ich lasse immer nur eine Pflanze auswachsen und komme ihr mit ungeschützter Haut nicht zu nahe.

RINGELBLUME

Die berühmte Heilpflanze gehört zu meinen Lieblings-gewächsen im Garten: Ringelblumen bringen Farbe ins Beet und auf den Teller. Die Blätter passen gut in Blatt- oder Kräutersalate, die carotinhaltigen Blüten-blätter in Brotaufstriche, Blütenbutter, Suppen oder sogar Kuchen. Die Calendula ist ein einjähriger Korb-blütler und stammt aus dem Mittelmeerraum. Doch auch aus heimischen Bauerngärten sind die gelben bis kräftig orangen Blumen nicht mehr wegzudenken: Mit ihren 20 Zentimeter langen Pfahlwurzeln lockern sie die Erde, binden Restnährstoffe und bewahren so den Boden vor Auswaschung. Sie sind also ein perfekter Gründünger. Zudem wehren sie im Gemüsebeet Faden-würmer ab. Für die Bauern war die Pflanze früher ein »Wetterprophet«, weil sie ihre Blüten zusammenfaltet, wenn Regen aufzieht. Und damit nicht genug, diese nützlichen Blumen sind auch noch ganz leicht zu kul-tivieren: Ich säe die Samen im April direkt ins Beet, die Blumen blühen von Juni bis zum ersten Frost.

DAHLIE

Vom Hochsommer bis zum späten Herbst bieten Dahlien ein Feuerwerk an Farben im Garten. Klar, mit ihren tausenden Arten und Sorten ist die Blume ganz schön vielfältig. Und noch dazu essbar. Die leicht säuerlich schmeckenden Blüten passen in Blattsalate oder zu Quark und Frischkäse. In Europa wurde die Pflanze aus Südamerika nach dem schwedischen Bota-niker Anders Dahl benannt. Ich pflanze im Frühling Knollen oder im Sommer Jungpflanzen. Dahlien mögen Sonne und einen nahrhaften, lockeren und etwas feuchten Boden. Wenn es sehr trocken ist, müssen sie ausgiebig gegossen werden. Und ab und zu bekommen sie von mir etwas Dünger. Hohe Sorten binde ich an Stäben auf. Das Einzige, was ich ein biss-chen lästig finde: Dahlien sind nicht winterhart, ihre Knollen müssen vorm ersten Frost aus der Erde ausge-buddelt und dann kühl und trocken gelagert werden. Eine Nachbarin hat aber behauptet, dass ihre Dahlien den Winter auch in der Erde überstehen, wenn sie sie mit einer dicken Mulchschicht abdeckt.

Reisnudeln schmecken etwas »leichter« als Weizennudeln, finde ich. Warum das so ist, ist mir nicht ganz klar, denn Stärke ist Stärke, egal ob aus Reis oder Weizen. Vielleicht liegt's einfach nur an den leichten asiatischen Saucen und Suppen, mit denen wir Reisnudeln gerne kombinieren. Genauso gut, aber nicht so bekannt sind Asia-Nudelsalate. Ich bevorzuge dafür spaghettiartige Reisnudeln wie vietnamesische Bun-Nudeln.

Asiatischer Gurken-Nudel-Salat

1 Die Reisnudeln in einer Schüssel mit kaltem Wasser bedecken und mindestens 10 Min. quellen lassen. Dann nach Packungsaufschrift in reichlich Wasser bissfest kochen.

2 Zwischendurch Ingwer und Knoblauch schälen, beides fein hacken. Chilischote(n) waschen, entstielen und samt der Kerne fein hacken. Ingwer, Knoblauch und Chili(s) mit dem Zucker in einem Mörser oder einem elektrischen Blitzhacker zu einer Paste zerkleinern. Limettensaft, Kokosmilch und Fischsauce mit der Gewürzpaste zu einer Sauce vermischen.

3 Rettich und Gurken schälen. Gurken längs halbieren, mit einem Löffel die Kerne herauskratzen. Rettich längs in 1 cm dicke Scheiben schneiden. Rettich und Gurken mit einem Sparschäler längs in dünne Streifen schneiden, dafür immer an einer Schmalseite ansetzen. Mit der Sauce mischen.

4 Die Nudeln in ein Sieb abgießen, abschrecken und abtropfen lassen. Koriander oder Dill abbrausen, trocken schütteln und grob hacken. Beides mit Rettich, Gurken und den Sprossen mischen, mit Salz abschmecken.

GURKEN AUF VORRAT – SÜSSSAUER EINGELEGT

Dafür 1 kg Einlegegurken (8–10 cm) mit 2 l Wasser und 75 g Salz in eine Schüssel geben, mit einem Teller beschweren und 24 Std. an einem kühlen Ort ziehen lassen. Gurken abgießen. 2 Zwiebeln schälen und in 2 cm dicke Ringe schneiden. 1 Peperoni waschen und ebenfalls in Ringe schneiden. ½ l Weißweinessig mit ½ l Wasser und 3 EL Zucker aufkochen. Gurken und Zwiebeln dazugeben, noch einmal aufkochen. Gurken und Zwiebeln mit einem Schaumlöffel aus dem Topf heben, mit 2 Dillblüten, 2 Stängeln Estragon, 1 EL Senfkörner, 2 Lorbeerblättern und der Peperoni in 3 Twist-off-Gläser (je 450 ml Inhalt) dicht einschichten, mit Zwiebeln abschließen. Sud noch einmal aufkochen, die Gläser mit der kochend heißen Flüssigkeit randvoll füllen, sofort verschließen. Die Gurken an einem kühlen, dunklen Ort mindestens 4 Wochen ziehen lassen. Zur Brotzeit essen.

ZUTATEN für 4 Personen:
200 g Reisnudeln
1 Stück Ingwer (etwa 50 g)
1 kleine Knoblauchzehe
1–2 Chilischoten
2 TL Zucker
frisch gepresster Saft von
  2 Limetten
150 ml Kokosmilch
2 EL Fischsauce
500 g Rettich
500 g Salatgurken
1 Bund Koriandergrün oder Dill
100 g Sprossen (z. B. von Roten
  Beten, Radieschen, Erbsen)
Salz

ZUBEREITUNGSZEIT: 30 Min.
PRO PORTION: ca. 315 kcal

Die Antipasti-Vitrine der Pizzeria ums Eck macht oft einen ungeliebten Eindruck. Weder Gäste noch Köche scheinen sich sonderlich dafür zu interessieren. Dabei ist simpel gebratenes oder gedünstetes Gemüse mit etwas Olivenöl ganz groß – wenn es frisch Aroma hat, mariniert und nicht gekühlt wurde (also nicht in den Kühlschrank stellen!). Gemüsesorten, Kräuter und Gewürze können Sie frei variieren, die Zubereitung aber bleibt immer gleich.

ZUTATEN für 4 Personen:
300 g Möhren
300 g Rübchen (z. B. Mai-
    Rübchen oder Teltower
    Rübchen)
300 g grüne Bohnen
2 Knoblauchzehen
6 EL Olivenöl
Salz | Pfeffer
1 Bio-Zitrone
1 TL scharfer Senf

ZUBEREITUNGSZEIT: 25 Min.
MARINIERZEIT: 3 Std.
PRO PORTION: ca. 195 kcal

Mariniertes Gartengemüse

1 Die Möhren und Rübchen schälen. Kleine Möhren längs halbieren, große vierteln und in 4 cm lange Stücke schneiden. Die Rübchen in dünne Spalten schneiden. Bohnen waschen und die Enden abschneiden. Wenn sich dabei Fäden lösen, mit abziehen. Den Knoblauch schälen und in dünne Scheiben schneiden.

2 In einem Topf 2 EL Olivenöl erhitzen. Darin Gemüse und Knoblauch 3 Min. bei mittlerer Hitze andünsten. Mit Salz und Pfeffer würzen, 200 ml Wasser zugeben. Bei geringer Hitze zugedeckt in etwa 10 Min. gar dünsten. Anschließend das Gemüse und den Knoblauch in ein Sieb abgießen, den ablaufenden Dünstfond auffangen.

3 Zitrone heiß waschen und abtrocknen, die Schale fein abreiben, den Saft auspressen. Zitronensaft mit Senf, Dünstfond und dem restlichen Olivenöl verrühren. Die Marinade mit Salz und Pfeffer abschmecken. Das Gemüse und den Knoblauch mit der Marinade vermischen und zugedeckt mindestens 3 Std. bei Raumtemperatur ziehen lassen.

AUS EINS MACH DREI
Für drei unterschiedliche Gemüse-Antipasti die verschiedenen Gemüsesorten wie beschrieben vorbereiten und dann separat dünsten, abkühlen lassen. Die Blättchen von 4 Stängeln Minze in Streifen schneiden und mit den Möhren mischen. Die Rübchen mit ein wenig gehacktem Estragon verfeinern, zusätzlich 4 EL Mandelblättchen oder Pinienkerne in einer Pfanne ohne Fett goldbraun rösten und über die Rübchen streuen. Für die Bohnen 4 dünne Scheiben Speck oder geräucherten Schinken in einer beschichteten Pfanne in 1 EL Öl in etwa 2 Min. unter Wenden knusprig braten, auf einem Küchenpapier abtropfen lassen, grob zerkrümeln, über die Bohnen streuen. Gemüse auf kleinen Vorspeisenplatten anrichten, mit Weißbrot servieren.

Zu Bohnen aber auch zu Linsen gehört eigentlich Bohnenkraut, ganz klar. Trotzdem emp-
fehle ich Ihnen Ysop für unser Rezept, denn so haben Sie einen Grund, die wunderschön
sattblau blühende Pflanze in Ihre Kräutersammlung aufzunehmen. Schon bevor der Ysop
blüht, können Sie mit den Blättern würzen oder eine Bowle zubereiten: 3–4 Stängel Ysop
mit 3 Streifen Bio-Zitronenschale und 75 g Zucker in einem Bowlengefäß leicht zerdrücken.
Den Saft von 1 Zitrone und 1 Flasche Weißwein dazugeben, 30 Min. ziehen lassen. Vorm
Servieren dann noch mit 1 Flasche Mineralwasser aufgießen.

Linsen-Bohnen-Risotto

ZUTATEN für 4 Personen:

1,2 l Gemüse- oder
  Geflügelbrühe
1 Zwiebel
250 g grobe rohe Bratwürste
  (z.B. italienische Salsicce)
1 EL Olivenöl
150 g rote Linsen
150 g Risottoreis
500 g grüne Bohnen
4 Stängel Ysop (ersatzweise
  Bohnenkraut oder glatte
  Petersilie)
Salz | Pfeffer
50 g frisch geriebener Hartkäse (z.B. Pecorino oder
  Bergkäse)

ZUBEREITUNGSZEIT: 35 Min.
PRO PORTION: ca. 535 kcal

1 Die Brühe aufkochen, dann warm halten. Zwischendurch die Zwiebel schälen und fein würfeln. Das Wurstbrät aus den Pellen drücken. In einem Topf das Öl erhitzen. Darin Zwiebel und Brät bei mittlerer Hitze in 4–5 Min. goldbraun braten, dabei das Wurstbrät mit einem Kochlöffel zerkrümeln.

2 Die Linsen und den Reis dazugeben, 1–2 Min. mitbraten, dabei häufig umrühren. Mit einem Drittel der Brühe aufgießen und bei geringer Hitze 20 Min. kochen lassen, dabei ab und zu umrühren und immer wieder etwas Brühe nachgießen.

3 Inzwischen die Bohnen waschen und die Enden abschneiden. Wenn sich dabei Fäden lösen, mit abziehen. Bohnen schräg in 2 cm große Stücke schneiden. Nach 10 Min. Garzeit unter den Risotto mischen. Den Ysop ab-brausen und trocken schütteln, die Blättchen abzupfen und grob hacken.

4 Am Ende der Garzeit den Topf vom Herd nehmen. Den Käse unter den Risotto rühren, mit Salz und Pfeffer abschmecken. Den Risotto auf Tellern verteilen und mit dem Ysop bestreuen.

SCHMECKT IMMER

Rote Linsen haben gegenüber den meisten anderen Linsensorten den Vor-teil, dass sie ohne Einweichen sehr schnell gar sind. Es gibt verschiedene Qualitäten, manche rote Linsen behalten beim Garen ihre Form, andere beginnen recht schnell zu zerfallen. Fürs Linsenrisotto eignen sich beide Qualitäten: Wenn die Linsen zerfallen, ist der Risotto zwar nicht ganz so fotogen, dafür tragen sie aber zur Cremigkeit des Gerichtes bei.

BUSCHBOHNEN

Buschbohnen sind die beliebtesten Bohnen in Hausgärten. Sie brauchen nicht viel Platz, können also auch in kleinen Gärten wachsen. Ihre Kulturdauer ist kurz – man kann sie früh ernten und dann im Beet wieder etwas anderes anpflanzen. Perfekt für die Fruchtfolge. Zumal Bohnen an die Vorpflanze keine großen Ansprüche stellen, selbst aber der Nachkultur jede Menge Nährstoffe im Boden hinterlassen. Wir kombinieren Buschbohnen gerne mit Gurken: Die Bohnen werden schon Ende Juli, Anfang August geerntet, die Gurken nehmen dann ihren Platz ein. Dank ihrer großen Samenkörner lassen sich Buschbohnen ganz leicht kultivieren. Wir ziehen aber alle unsere Bohnen in Töpfen vor, damit die kleinen Triebe nicht sofort von den Schnecken verputzt werden. Von den verschiedenen Sorten mögen wir ganz besonders die feinen Prinzessbohnen. Busch- und Stangenbohnen gelten als nicht mit sich selbst verträglich. Man sollte drei Jahre warten, bis man sie wieder an derselben Stelle anbaut.

STANGENBOHNEN

Wie Buschbohnen gehören Stangenbohnen zu den sogenannten Gartenbohnen. Sie verlangen aber ein Quäntchen mehr Aufmerksamkeit als Buschbohnen – sie bilden viel mehr Grün, brauchen deshalb mehr Wasser und Nährstoffe. Und was ein bisschen lästig sein kann: Man muss jedes Jahr eine Stützvorrichtung basteln, an denen die Bohnen hochklettern können. Andererseits lassen sich damit auch schöne gestalterische Effekte im Garten oder ein Sichtschutz erzielen. Manche Gärtner schwören auf Stangenzelte etwa aus Haselruten. Diese Wigwam-Methode eignet sich auch prima für Bohnen in Töpfen. Wir haben es ganz schlau angestellt: Vor ein paar Jahren ließen wir vom Schreiner ein großes Spalier bauen, das die gesamte Hausmauer direkt hinter dem Südbeet bedeckt. Daran ist jetzt unser Spalierpfirsich gebunden und jeden Sommer ranken daran Bohnen und Prunkwinden. Es gibt runde, ovale und breite Stangenbohnensorten. Runde passen gut zu Salaten, breite eher in Eintöpfe oder Suppen.

HEGEN UND PFLEGEN

Bohnen gehören zu den Hülsenfrüchten und sind sogenannte Schwachzehrer: An ihren Wurzeln siedeln sich Knöllchenbakterien an, die Stickstoff umwandeln und sammeln. Der Boden wird also durch Hülsenfrüchte mit Stickstoff gedüngt! Die Pflanzen mögen humose Lehmböden, die das Wasser gut halten. Verkrustete Erdoberflächen lockern wir zwischendurch auf. Gleichmäßige Wasserversorgung ist wichtig, wobei Bohnen nicht übermäßig durstig sind. Buschbohnen brauchen etwas weniger Wärme, Nährstoffe und Platz als die anspruchsvolleren Stangenbohnen. Wir legen die Bohnensamen vor der Aussaat ein paar Stunden in lauwarmes Wasser, dann keimen sie in der Erde schneller. Je öfter man reife Bohnen erntet, desto größer fällt die Ernte aus. Die Früchte wachsen immer wieder nach. Aber immer schön vorsichtig abpflücken, nicht abreißen. Bohnen sollte man nicht roh essen. Sie enthalten das giftige Phasin, das nur durch vollständiges Durchgaren neutralisiert wird.

FEUERBOHNEN

Die Feuerbohne ist uns wegen ihrer flammend roten Blüten besonders ans Herz gewachsen. Im Grunde pflanzen wir sie vor allem wegen der Optik. Bezeichnenderweise heißt sie auch Prunkbohne. Sie stammt aus den kühlen Bergregionen Südamerikas, in Mexiko wird sie vermutlich schon seit 2 000 Jahren kultiviert. Erst um 1640 kam sie nach Europa, wo sie lange Zeit nur als Zierpflanze angebaut wurde. Neben ihrem hübschen Aussehen hat die Feuerbohne noch einen entscheidenden Vorteil: Sie gedeiht auch noch bei kühlerem Klima. Wir säen sie relativ spät Ende Mai, sie entwickelt sich dann bis in den Herbst hinein. Die Pflanze wächst schnell, bis zur vier Meter hoch. Wichtig ist natürlich ein Klettergerüst. Übrigens legen sich Feuerbohnen rechtswindend um die Stangen, im Gegensatz zu Stangenbohnen, die sich linksherum winden. Ernten kann man sie grün von Anfang Juli bis September. Wir ernten im Oktober, weil wir gerne die ausgereiften Bohnenkerne verwenden.

Frischer roher Knoblauch ist eine schwierige Zutat, er schmeckt zwar gut, doch immer auch sehr »rustikal«. Deshalb gefiel mir sofort Gualtiero Marchesis Variante des ligurischen Exportschlagers: Pesto ohne Knoblauch. Wer aber auf das Aroma nicht ganz verzichten möchte, kocht eine leicht angequetschte Knoblauchzehe im Nudelwasser mit, so ist es nicht ganz so »rabiat«. Als Drei-Sterne-Koch verfeinert Marchesi das Gericht noch weiter: Erstens wird das Pesto nicht nur püriert, sondern auch noch durch ein Sieb gestrichen. Zweitens werden dünne Prinzessbohnen längs geviertelt – eine Tätigkeit, die ohne unbezahlte Lehrlinge und Praktikanten lästig werden kann. Der geschmacklichen Verfeinerung dienen beide Maßnahmen bestens – probieren Sie es aus.

Linguine mit grünen Bohnen und Pesto

ZUTATEN für 4 Personen:
2–3 Bund oder große Töpfe
  Basilikum (etwa 100 g
  Basilikumblätter)
Salz
150 ml (ligurisches) Olivenöl
  (siehe Tipp)
2 EL Pinienkerne
2 EL frisch geriebener Parmesan
400 g Linguine
500 g grüne Bohnen
1 EL Butter
Pfeffer

ZUBEREITUNGSZEIT: 25 Min.
PRO PORTION: ca. 815 kcal

1 Basilikumblätter von den Stängeln zupfen und mit ½ TL Salz in einem Mörser oder einem elektrischen Blitzhacker so fein wie möglich pürieren. Dabei nach und nach das Olivenöl dazugeben und zuletzt die Pinienkerne und den Parmesan untermischen. Das Pesto abschmecken.

2 In einem großen Topf reichlich Wasser zum Kochen bringen, salzen. Die Nudeln darin nach Packungsangabe bissfest garen. Bohnen waschen und die Enden abschneiden. Wenn sich dabei Fäden lösen, mit abziehen. Bohnen in möglichst schräge, dünne Streifen oder Scheiben schneiden.

3 In einer großen beschichteten Pfanne die Butter schmelzen lassen. Die Bohnen darin 2 Min. andünsten, mit 150 ml Wasser ablöschen, salzen und bei mittlerer Hitze zugedeckt in 4–5 Min. gar dünsten.

4 Nudeln in ein Sieb abgießen, dabei eine Tasse Nudelwasser auffangen. Nudeln mit Bohnen und Pesto vermischen, mit etwas Nudelwasser cremig verrühren und sofort auf Tellern verteilen. Mit Pfeffer (am besten frisch gemahlen) bestreuen und servieren.

DAS OLIVENÖL MACHT'S!
Für dieses feine Pastagericht eignet sich Olivenöl aus Ligurien besonders gut, denn diese Öle sind normalerweise fein, blumig und elegant – nicht ganz so wuchtig wie ihre Verwandten aus heißeren Gegenden. Und das beste Olivenöl ist immer das beim Olivenbauern selbst geholte, also beim Ligurien-Urlaub immer eines mitnehmen (oder von Freunden mitbringen lassen). Falls das nicht geht, darf es ruhig auch ein anderes Olivenöl sein.

Im »Cheval Blanc«, dem Restaurant des Hotels »Les Trois Rois« in Basel, serviert Küchenchef Peter Knogl eine Tomatensuppe: eine Mini-Portion im Schnapsglas. Die Suppe ist kalt, püriert mit Erdbeeren und Koriander. Obendrauf kleines Gekrümel aus kross gebratenem, spanischem Pata-Negra-Schinken. Klingt vielleicht schräg, schmeckt aber wunderbar. Meine kalte Tomatensuppe ist dagegen fast gewöhnlich, dafür aber »grillpartyproofed«.

Kalte Tomatensuppe
mit Hackbällchen-Sticks

ZUTATEN für 4 Personen:

Für die Suppe:
1 EL Korianderkörner
1 EL Langpfeffer oder Stielpfeffer (aus dem Asien- oder Bioladen, ersatzweise herkömmliche schwarze Pfefferkörner)
1 EL Zucker
100 ml frisch gepresster Orangensaft
100 ml Olivenöl
1 kg Tomaten
1 EL Currypulver oder Garam Masala
Salz
1 Bund Koriandergrün
Für die Hackbällchen:
1 Bio-Zitrone
250 g Schweinehackfleisch
Salz | Pfeffer
2 EL Olivenöl
4 EL Sojasauce
Außerdem:
8 kleine Holzspießchen

ZUBEREITUNGSZEIT: 35 Min.
PRO PORTION: ca. 515 kcal

1 Für die Suppe Korianderkörner und Pfeffer in einem Mörser oder einem elektrischen Blitzhacker grob mahlen. In einem kleinen Topf den Zucker mit 1 EL Wasser erhitzen, bis der Zucker goldbraun karamellisiert ist. Pfeffer dazugeben und unter Rühren in 30 Sek. karamellisieren lassen. Mit dem Orangensaft ablöschen und bei starker Hitze auf 2 EL einkochen. Topf vom Herd nehmen, die Mischung mit dem Öl verrühren, 10 Min. ziehen lassen.

2 Die Tomaten waschen und grob zerkleinern, dabei die Stielansätze entfernen. Tomaten mit Currypulver oder Garam Masala in eine hohe Rührschüssel geben und mit einem Stabmixer fein pürieren, dann durch ein Sieb streichen. Das Pfefferöl ebenfalls durch ein Sieb zum Tomatenpüree gießen, verrühren und mit Salz abschmecken. Suppe bis zum Servieren in den Kühlschrank stellen. Koriandergrün abbrausen und trocken schütteln, die Blättchen abzupfen und grob hacken.

3 Für die Hackbällchen die Zitrone heiß waschen und abtrocknen, die Schale fein abreiben. Hackfleisch mit Zitronenschale, wenig Salz und reichlich Pfeffer würzen und kurz durchmengen. Mit feuchten Händen 12 kleine Bällchen aus der Masse formen.

4 In einer beschichteten Pfanne das Öl erhitzen. Darin die Hackbällchen bei mittlerer Hitze in 5–6 Min. rundum knusprig braun braten (auch fein: die Bällchen grillen). Zum Schluss die Bällchen ab und zu mit etwas Sojasauce bepinseln. Je 2 Bällchen auf einen Holzspieß stecken. Die Suppe in Tassen verteilen und mit Koriandergrün bestreuen, Spießchen dazulegen.

FARBTUPFER BEI EINEM MENÜ
Als Aperitif oder kleinen Zwischengang die Suppe ganz einfach in Shot- oder Longdrinkgläsern servieren. Die Hackbällchen weglassen.

TOMATEN

Tomaten müssen einfach sein! Sie sind der Inbegriff des Sommers und absolut unersetzlich als Zutat in der Küche. Und deshalb auch erste Wahl eines jeden Hobbygärtners, was das anzubauende Gemüse betrifft. Obwohl, botanisch betrachtet ist die Tomate gar kein Gemüse, sondern eine Frucht – eine Beere, um ganz genau zu sein. Mit diesen roten Früchten jedenfalls begannen auch meine gärtnerischen Aktivitäten. Damals, als ich auf meinem kleinen Südbalkon im Sommer immer ein paar Tomatentöpfe stehen hatte. Jedes Jahr konnte ich ab Juli eigene Tomaten bei der Essenszubereitung mit einplanen. Ganz schön stolz war ich da. Tomaten bescheren einem wirklich eine erfreulich üppige Ernte! Früher waren es Jungpflanzen aus dem Gartenhandel, die ich in Blumentöpfe setzte. Inzwischen beackern wir unseren kleinen Garten, und es gehört längst zu unserem sportlichen Ehrgeiz, in großem Stil Tomatensamen selbst auszusäen. Natürlich ganz viele verschiedene Sorten.

Bei Tomaten lohnt sich der Eigenanbau besonders. Wegen des unvergleichlichen Aromas und weil man alle möglichen Sorten ausprobieren kann. Auch unbekannte, die vor allem als Samen im Handel erhältlich sind. Wir haben zum Beispiel die russische Reisetomate, die Zackentomate und eine Riesenfleischtomate namens »Gardasee«. Zum jährlichen Standardsortiment gehören bei uns die kleinen, gelben Birnentomaten – die nimmt unsere Tochter gerne als Pausensnack mit in die Schule, weil sie so schön handlich sind und gut schmecken. Eine weitere geschmackliche Offenbarung sind auch die kleinen Microtomaten. Besonders aromatisch und deshalb auch jedes Jahr auf der Beliebtheitsskala ganz oben: »Green Zebra«, eine grüne Sorte. Die essen wir vor allem roh – mit oder ohne Mozzarella. Tomaten sind übrigens auch das erste Gemüse, von dem schon vor Jahren eine Balkonvariante gezüchtet wurde, die »Balkonstar«. Natürlich eignen sich für den Balkon auch andere kleinwüchsige Tomaten wie Busch- oder Kirschtomaten oder nach unten wachsende Ampeltomaten. Es lebe die Sortenvielfalt!

HEGEN UND PFLEGEN

Im März säe ich Samen aus, ab April setze ich die
Mini-Pflänzchen vereinzelt in Plastiktöpfe. Die stehen
bis Mitte Mai auf der Fensterbank. Erst nach den Eisheiligen kommen die Pflänzchen raus in das Beet. Die
Tomaten wollen einen Platz an der Sonne – unsere stehen direkt an der südlichen Hauswand, wo im Sommer
die Sonne richtig hinknallt wie in Sizilien. Dort sind sie
zudem noch geschützt durch das Hausdach. Tomaten
mögen es nämlich nicht, von oben nass zu werden.
Darum auch beim Gießen darauf achten: nasse Blätter
begünstigen die Kraut- und Braunfäule, eine gefürch-
tete Blattkrankheit bei Nachtschattengewächsen. Jede
Pflanze binden wir an einem in den Boden gesteckten
Holzstab fest, und nur zwei, drei Haupttriebe pro
Pflanze lassen wir wachsen. Die aus den Blattachseln
sprießenden Seitentriebe werden regelmäßig ausge-
brochen. Das »Ausgeizen« lässt die ganze Kraft der
Pflanze in die Haupttriebe fließen. Ansonsten: bis
zum Herbst reichlich gießen und düngen.

Im Herbst ist bei uns letzter Aktionismus angesagt:
Wir kochen Tomaten ein – zu einem würzigen Sugo,
der dann im Winter ein bisschen Sonne auf die Pasta
bringt. Dafür ernten wir alle Tomaten ab, auch die
noch grünen, die lassen wir nebeneinanderliegend
drinnen unter einem Küchentuch noch nachreifen.
Unsere Sauce geht ganz einfach: Die Tomaten werden
klein geschnitten und mit hartlaubigen Kräutern wie
Salbei, Rosmarin und Thymian, etwas Knoblauch und
bestem Olivenöl eingekocht – ohne Zwiebeln. Manchmal mixen wir am Ende noch frisches Basilikum unter.
Und ganz wichtig: Bevor die Tomatensauce in Gläser
gefüllt wird, koche ich die Gläser im Wasserbad aus,
um sie keimfrei zu machen. Diese Gläser mit Sugo
haben etwas ungemein Tröstliches, wenn ich sie dann
im Vorratskeller stapele. Nach Farben sortiert. Denn
wir kochen unsere Saucen zum Teil sortenspezifisch.
Auf jeden Fall gibt es immer eine Variante nur mit
kleinen, gelben Birnentomaten und eine nur mit ganz
fleischigen Tomaten wie der »Gardasee« – die schmeckt
gekocht ganz süß und voll.

ROSMARIN

Mit seinem leicht harzigen Duft weckt Rosmarin Erinnerungen an den Urlaub in Italien. Klar, der immergrüne Halbstrauch gehört zu den Mittelmeerkräutern, die aber auch in unseren Breitengraden im Garten und vor allem in der Küche nicht fehlen dürfen. Ganz und gar unverzichtbar ist Rosmarin für mich bei Ofenkartoffeln und bei vielen Fleischgerichten. Im Frühjahr bekommt er kleine rosa-hellblaue Blüten. Manchmal schneide ich im Sommer ein paar sehr gut gewachsene Zweige ab und friere sie ein. Was Rosmarin gar nicht mag: nasse Füsse. Viel Regen und viel Gießen verträgt er nicht. Wir schaffen es leider selten, Rosmarin über den Winter zu bringen – egal ob im Topf oder im Beet. Obwohl einige Sorten winterhart sind. Wenn Sie Ihr Glück versuchen möchten: den Strauch im Beet mit Zweigen oder Stoff vor zu viel Kälte schützen, Topfpflanzen hereinholen. Noch wichtiger aber ist es, die Pflanze nicht vertrocknen zu lassen. Also auch im Winter an sonnigen Tagen ab und zu gießen.

SALBEI

Sehr dekorativ ist er mit seinen blauen Blütenständen, und seine Blätter bringen wunderbare Würze in den Kochtopf. Ich verehre Salbei. Trotzdem habe ich den Eindruck: Das Kraut wird immer noch unterschätzt. Ich sage nur: Saltimbocca alla romana! Und auch roh peppt er jede Salatsauce auf. Besonders aromatisch sind die Blätter, bevor sich die Blüten öffnen. Am bekanntesten ist sicher der breitblättrige Gartensalbei, doch ich mag auch die kleinblättrigen Sorten sehr. Zwar nicht essbar, aber sehr hübsch ist der dunkelviolett blühende Ziersalbei. Mit gutem Schutz kommt Salbei über den Winter. Auch Feuchtigkeit verträgt er besser als die meisten anderen Mittelmeerkräuter. Im Frühjahr schneide ich Salbei etwas zurück. Von meiner Mutterpflanze bekomme ich leicht Ableger durch heruntergebogene Zweige, die sich bewurzeln. Nach drei bis vier Jahren wachsen die meisten Salbeisträucher nicht mehr sehr dicht. Ich bringe es aber nicht übers Herz, meinen alten Salbei zu entsorgen.

HEGEN UND PFLEGEN

Wir kaufen Mittelmeerkräuter als junge Pflanzen beim Gärtner – die Anzucht aus Samen ist sehr langwierig. Die meisten mediterranen Kräuter mögen viel Sonne, Wärme und einen trockenen, durchlässigen und kalkreichen Boden. Den Rosmarin am besten an eine geschützte Stelle setzen. Da der Boden in unserem Garten eher lehmig ist, mischen wir ihn für Rosmarin, Salbei, Thymian & Co. gerne mit Vogel- oder Sandkastensand, manche nehmen auch Kies. Hauptsache, der Boden wird karger und wasserdurchlässiger. Wichtig: eher nicht düngen! Lavendel und Rosmarin wachsen auch in Töpfen prima, wenn ihre Wurzeln genug Platz haben. Ernten kann man das ganze Jahr über, das beste Aroma haben diese Kräuter aber natürlich im Hochsommer. Was ich neben Duft und Aroma übrigens auch noch toll an Mittelmeerkräutern finde: Sie sind überhaupt nicht anfällig für Schädlinge. Im Gegenteil, im Salbei habe ich schon oft Marienkäferlarven entdeckt – und die sind große Blattlausvernichter.

THYMIAN

Auch Thymian verbreitet enorm südliche Stimmung im Garten oder auf dem Balkon und Fensterbrett – vor allem, wenn im Sommer an ihm winzige weiße oder rosa Blüten blühen. Von den verschiedenen Sorten ist sicher »Thymus vulgaris« am bekanntesten – zumindest wenn man ihn für kulinarische Zwecke nutzt. Ich mag ihn sehr in Brühen und Suppen. Wie Rosmarin wird das Kraut mitgekocht, damit es die volle Würzkraft entfalten kann. Das stärkste Aroma haben die Blätter übrigens zur Mittagszeit. Also: Auf richtiges Timing beim Ernten achten! Sehr beliebt und zum Würzen gut geeignet ist auch Zitronenthymian, der außerdem hübsche, etwas größere Blätter hat. Es gibt schnell wachsenden, aber frostempfindlichen Sommerthymian und kältetauglichen Winterthymian. Ich habe vor kurzem gelesen, dass Thymian oft im Kräuterbeet »langbeinig« wird, weil ihm seine Nachbarn die Sonne nehmen. Deshalb solle man ihn lieber im offenen Gemüsebeet ziehen. Das werde ich mal ausprobieren.

Artischocken wachsen auch in Deutschland. Ich weiß das, denn in meiner Kindheit gab es immer frische Artischocken aus dem heimischen Garten. Die Pflanzen brauchen nur nähr-stoffreiche, durchlässige Böden, also reichlich Kompost und eine gute Schaufel Sand. Leider konnte ich selbst noch nie welche ernten, denn die Erde in unserem Garten ist lehmig – und bei der Überwinterung habe ich bisher versagt. Aber das wird sich ändern (siehe unten)!

Gebratene Artischocken mit jungem Knoblauch

ZUTATEN für 4 Personen:
8 kleine oder 4 große
   Artischocken
frisch gepresster Saft von
   1 Zitrone
4–6 junge Knoblauchzehen
2 Tomaten
2 EL Olivenöl
Salz | Pfeffer
½ Bund Minze

ZUBEREITUNGSZEIT: 35 Min.
PRO PORTION: ca. 95 kcal

1 Von jeder Artischocke das obere Drittel abschneiden, die zähen äußeren Blätter entfernen, die Stiele knapp kürzen und schälen. Artischocken längs halbieren und mit einem Teelöffel das »Heu« aus der Mitte herauskratzen. Artischocken längs in Spalten schneiden, mit Zitronensaft vermischen. Den Knoblauch schälen und in möglichst dünne Scheiben schneiden. Tomaten waschen und klein würfeln, dabei die Stielansätze entfernen.

2 In einer großen beschichteten Pfanne das Öl erhitzen. Darin die Arti-schocken bei mittlerer Hitze 4 Min. braten, dabei ab und zu wenden. Knob-lauch zugeben und 1 weitere Min. braten. Tomaten zugeben, 200 ml Wasser aufgießen und 5 Min. einkochen lassen. Mit Salz und Pfeffer würzen. Minze abbrausen und trocken schütteln, die Blättchen abzupfen und in Streifen schneiden. Artischockengemüse auf Tellern verteilen, mit Minze bestreuen.

DAZU PASSEN: POLENTANOCKEN
Dafür ½ l Milch mit 60 g Butter, 3 EL Olivenöl und je 1 kräftigen Prise Salz, Pfeffer und gemahlenem Kreuzkümmel aufkochen. 150 g Polentagrieß ein-rühren. Die Hitze reduzieren und weiterrühren, bis sich die Masse vom Topfboden löst. In eine Schüssel umfüllen, nacheinander 2 Eier (M) unter-rühren, bis die Masse bindet. Abkühlen lassen. Mit zwei angefeuchteten Esslöffeln zwölf Nocken aus der Polentamasse formen, in Salzwasser bei geringer Hitze 10 Min. garen. Mit frisch geriebenem Parmesan servieren.

WINTERFAHRPLAN FÜR ARTISCHOCKEN
Artischocken vertragen relativ starke Fröste, aber die Wurzeln verfaulen leicht. Dieses Jahr werde ich die Blätter im Spätherbst abschneiden, dann die Pflanzen luftig mit trockenem Laub abdecken und einen kleinen Regen-schutz installieren, damit kein Wasser in die hohlen Blattstängel läuft. Und im kommenden Jahr gedeihen dann so viele Artischocken bei uns, dass ich einige sogar verblühen lassen kann. Der Rest kommt in die Pfanne!

Unser Garten ist leider zu klein für Hühner. Selbst Zwerghühner wären hier nicht glücklich, oder wenn doch, dann nur, wenn sie unsere Gemüsebeete verwüsten dürften. Darum kann ich Ihnen hier nicht von den Freuden selbst gehegter Eier berichten. Sondern nur davon, was dem Gockelhahn vermutlich passieren würde, hätten wir einen und würde er es wagen, mich bei der Arbeit zu stören. Es heißt nämlich Brathähnchen und nicht Bratglucke …

»Hühner-Bolo« mit Pappardelle

ZUTATEN für 4 Personen:
4 Hähnchenschenkel (je 200 g)
2 EL getrocknete Steinpilze
6 Knoblauchzehen
3–4 Zweige Rosmarin
600 g Tomaten
2 EL Olivenöl
1 TL Zucker
¼ l Rotwein (ersatzweise Gemüsebrühe)
Salz | Pfeffer
400 g Pappardelle (ersatzweise andere Bandnudeln)
Basilikum- oder Oreganoblättchen (zum Garnieren, nach Belieben)

ZUBEREITUNGSZEIT: 50 Min.
PRO PORTION: ca. 750 kcal

1 Das Hähnchenfleisch samt Haut von den Knochen schneiden und klein würfeln. Die Pilze zerbröseln. Knoblauch schälen, Rosmarin abbrausen und trocken schütteln, Blättchen abstreifen und mit dem Knoblauch fein hacken. Tomaten waschen und ebenfalls würfeln, dabei die Stielansätze entfernen.

2 In einer großen beschichteten Pfanne das Öl erhitzen. Darin das Hähnchenfleisch bei starker Hitze in 6 Min. knusprig braun braten, dabei ab und zu umrühren. Knoblauch, Rosmarin und Zucker dazugeben und 1–2 Min. weiterbraten. Mit Rotwein ablöschen, die Pilze und Tomaten untermischen, 10 Min. bei mittlerer Hitze schmoren lassen. Mit Salz und Pfeffer würzen.

3 In der Zwischenzeit reichlich Wasser zum Kochen bringen, salzen. Darin die Nudeln nach Packungsangabe bissfest garen. Dann in ein Sieb abgießen und im Topf mit der Sauce mischen. Kurz durchkochen lassen, damit sich Nudeln und Sauce gut verbinden. Auf Tellern verteilen, sofort servieren. Nach Belieben mit Basilikum oder Oregano garnieren.

»HÜHNER-BOLO« AUF VORRAT

Diese Geflügel-Bolognese können Sie auch in größeren Mengen kochen, in Twist-off-Gläser (Schraubgläser) abfüllen und sterilisieren. So hält sich die Sauce 1 Jahr. Dafür die vollen, sehr gut verschlossenen Gläser in einen großen Topf setzen, auf dessen Boden ein gefaltetes Küchentuch liegt. Sie können die Gläser auch übereinander in den Topf stellen. Den Topf bis knapp unter den Rand des obersten Glases mit Wasser füllen – für Gläser mit heißem Inhalt mit heißem Wasser, für kalte Gläser mit kaltem Wasser. Aufkochen, dann die Temperatur reduzieren und die »Hühner-Bolo« bei geringer Hitze 45 Min. einkochen. Fertige Gläser mit einem Schaumlöffel aus dem Topf heben, auf ein Küchentuch stellen und auskühlen lassen. Kontrollieren, ob alle Gläser vakuumiert sind, sich also die Deckel nach innen gewölbt haben. Offene Gläser kalt stellen und schnell verbrauchen.

Tomatensalat ist eine einfache Sache. Doch je simpler das Gericht, desto wichtiger sind die Details: Damit der Salat nicht matschig wird, muss das Messer scharf sein, mit dem man die Tomaten schneidet. Sogenannte Tomatenmesser sind eigentlich ungeeignet, denn sie zerreißen mit ihren (feinen) Zacken die Tomatenschnittfläche. Und nach dem Schneiden die Tomaten am besten direkt auf große Teller legen und dort mit der Sauce beträufeln – kurz vorm Servieren, Tomatensalat darf keinesfalls lange durchziehen!

Zucchinischnitzel mit Tomatensalat

ZUTATEN für 4 Personen:
500 g Tomaten
3 Frühlingszwiebeln oder
  1 Zwiebel
1 EL Rotweinessig
6 EL Olivenöl
Salz | Pfeffer
3 Zucchini
etwa 12 Scheiben Schinken
  (die Sorte spielt keine große
  Rolle, jeder gute Schinken
  eignet sich)
1 Handvoll Kräuter (z. B. Thymian,
  Petersilie, Zitronenmelisse)
5 EL Semmelbrösel
2 Eier (M)
4 EL Mehl

ZUBEREITUNGSZEIT: 30 Min.
PRO PORTION: ca. 400 kcal

1 Tomaten waschen, die Stielansätze herausschneiden. Große Tomaten vierteln oder achteln und kleine halbieren, in Schüsselchen geben. Die Frühlingszwiebeln waschen, putzen und in dünne Ringe schneiden. Oder die Zwiebel schälen und fein würfeln. Zwiebel(n) mit Essig und 3 EL Öl vermischen, mit Salz und Pfeffer würzen, kurz marinieren lassen.

2 Die Zucchini waschen, putzen und längs in etwa 5 mm dicke Scheiben schneiden, salzen, pfeffern und mit je 1 Scheibe Schinken umwickeln (bei Bedarf große Schinkenscheiben längs halbieren). Kräuter abbrausen und trocken schütteln, Blättchen abzupfen, hacken und mit den Bröseln in einem tiefen Teller mischen. Die Eier in einen zweiten tiefen Teller aufschlagen, mit einer Gabel leicht verquirlen. Mehl ebenfalls in einen Teller geben.

3 Die Zucchini erst im Mehl, dann in den Eiern und zum Schluss in den Kräuterbröseln wenden. In einer großen beschichteten Pfanne das übrige Öl erhitzen. Darin die Zucchinischnitzel bei mittlerer Hitze auf jeder Seite 5 Min. backen. Auf Küchenpapier abtropfen lassen. Die Tomaten mit der Zwiebelmarinade übergießen und mit den Zucchinischnitzeln servieren.

ZUCCHINI IM ÜBERFLUSS?

So schaffen Sie Abhilfe: Zucchini waschen und putzen. Sehr große Früchte schälen, längs vierteln, Kerne herausschaben. Das Fruchtfleisch grob raspeln. Für etwa 3 kg Zucchini 4 Zwiebeln und 8 Knoblauchzehen schälen und in dünne Scheiben schneiden. Alles mit 100 ml Olivenöl in einen großen Topf geben, salzen und nach Belieben mit mediterranen Kräutern würzen. Bei geringer Hitze 50–60 Min. zugedeckt dünsten. Mit dem frisch gepressten Saft von 2 Zitronen, Salz und Pfeffer abschmecken, noch einmal auflockern und sofort in sterilisierte Twist-off-Gläser füllen, gut verschließen. Haltbarkeit: 1–2 Monate an einem kühlen, dunklen Ort. Als Grundlage für Nudelsaucen verwenden oder als Suppe mit etwas geriebenem Käse servieren.

Romana, Radicchio, Chicorée und Endivie sind klassische Schmorsalate – und die können Sie natürlich alle für das folgende Rezept verwenden. Ich habe mich heute für Romana entschieden. Experimentieren Sie aber ruhig mal mit anderen Sorten. So wie man die meisten Blattgemüse in ihrer Baby-Variante auch als Salat genießen kann, eignen sich alle aromatischen Salatsorten genauso als Blattgemüse. Vor allem, wenn sie schon etwas größer sind oder sogar schon beginnen zu schießen.

Gespicktes Zanderfilet mit geschmortem Salat

ZUTATEN für 4 Personen:
4 frische Lorbeerblätter
4 Zanderfilets (je 140–180 g, mit Haut, ohne Gräten)
2 EL Olivenöl
1 großer Romanasalat (siehe auch oben)
2 Stangen Staudensellerie
2 Knoblauchzehen
3 Tomaten
1 Bund glatte Petersilie
2 EL Butter
4 EL trockener Vermouth (z. B. Noilly Prat, ersatzweise Geflügelbrühe)
¼ l Geflügelbrühe
Salz | Pfeffer
frisch geriebene Muskatnuss

ZUBEREITUNGSZEIT: 35 Min.
PRO PORTION: ca. 245 kcal

1 Lorbeerblätter waschen, trocken tupfen und längs halbieren. Fischfilets trocken tupfen, jeweils die Haut mit einem scharfen Messer viermal quer so einschneiden, dass sie an den Rändern noch zusammenhängt (dabei auch das Fischfleisch anritzen, damit sich das Lorbeeraroma gut verteilen kann). Die so entstandenen Hautstreifen mit einem spitzen Messer vorsichtig vom Fleisch schneiden, anheben und die Lorbeerblätter darunterschieben. Die Filets mit Olivenöl bestreichen und auf eine Platte legen.

2 Romanasalat putzen, waschen und trocken schleudern, dann quer in 2 cm breite Streifen schneiden. Den Sellerie waschen, putzen und schräg in dünne Scheiben schneiden. Knoblauch schälen und fein hacken. Tomaten waschen und grob würfeln, dabei die Stielansätze entfernen. Petersilie abbrausen und trocken schütteln, die Blättchen abzupfen und grob hacken.

3 In einem Topf die Butter schmelzen lassen. Darin Romana, Sellerie und Knoblauch 3 Min. andünsten. Mit Vermouth ablöschen, Brühe angießen und das Gemüse bei geringer Hitze 5 Min. schmoren. Mit Salz, Pfeffer und Muskat würzen, die Petersilie untermischen.

4 Zwischendurch Zander mit Salz und Pfeffer würzen und in einer beschichteten Pfanne 5 Min. bei mittlerer Hitze auf der Hautseite braten. Die Filets wenden, Tomaten dazugeben und 2 Min. ziehen lassen. Zanderfilets, Tomaten und geschmorten Salat auf Tellern anrichten.

ZANDERFILET GANZ EINFACH – OHNE SPICKEN
Dann nur 2 Lorbeerblätter mit dem Gemüse (auch den Tomaten) in einem weiten Topf 3 Min. andünsten, ablöschen. Zanderfilets (ohne Haut!) salzen, pfeffern, aufs Gemüse legen, im geschlossenen Topf in 5 Min. gar dämpfen.

Lammkoteletts sehen hübsch aus in der Theke. Aber eigentlich sollte man den Lammrücken im Stück auf seiner Fettschicht braten, die dabei schmilzt, knusprig wird und zugleich das feine Rückenfleisch vor starker Hitze schützt. Am besten klappt das mit einem längs halbierten Lammrücken (ohne Rückgrat), dessen Fettschicht man bis auf 2 mm entfernt. Nicht ganz einfach, darum verwenden wir hier ganz unkompliziert Lammsteaks aus der Keule.

Lammsteaks mit Koriander-Kohlrabi-Joghurt

1 Den Kohlrabi schälen, grob raspeln und in einer Schüssel mit 1 TL Salz vermischen. Die Kohlrabiraspel 20 Min. Wasser ziehen lassen.

2 Inzwischen in einem kleinen Topf den Zucker mit 3 EL Wasser erhitzen, bis der Zucker goldbraun karamellisiert, die Korianderkörner unterrühren. Die Mischung auf ein Arbeitsbrett geben, salzen und abkühlen und hart werden lassen, dann den Korianderkaramell grob hacken. Koriandergrün abbrausen und trocken schütteln, die Blättchen abzupfen und grob hacken.

3 Die Kohlrabiraspel auf ein Küchentuch geben und das Wasser aus den Raspeln herauspressen, dafür das Tuch fest zusammendrehen. Die Kohlrabiraspel mit dem Joghurt und dem Koriandergrün mischen, mit Salz und Pfeffer abschmecken.

4 Die Steaks mit Salz und Pfeffer würzen. In einer großen beschichteten Pfanne das Öl erhitzen. Darin die Lammsteaks 5 Min. braten, dabei einmal wenden. Die Steaks mit dem Koriander-Kohlrabi-Joghurt anrichten und mit dem Korianderkaramell bestreuen.

ZUTATEN für 4 Personen:
1 Kohlrabi
Salz
3 EL Zucker
2 EL Korianderkörner
1 Bund Koriandergrün
400 g Naturjoghurt (10 % Fett)
Pfeffer
8 kleine Lammsteaks (aus der Keule, je etwa 75 g)
2 EL Olivenöl

ZUBEREITUNGSZEIT: 35 Min.
PRO PORTION: ca. 605 kcal

EIN BESONDERER LUXUS – GRÜNE KORIANDERKÖRNER

Grüne Korianderkörner haben Seltenheitswert, denn es gibt sie nicht zu kaufen, sondern nur im Garten oder auf dem Balkon, wenn man sie frisch erntet. Sie schmecken im Vergleich zu den getrockneten Körnern, die man im Laden bekommt, nicht strohig, sondern leicht »knackig« – wie eine Mischung aus Koriandergrün und getrockneten Körnern. Zusammen mit dem Korianderkaramell und Koriander-Kohlrabi-Joghurt wäre es wohl etwas viel Koriander in diesem Rezept, selbst für Liebhaber. Wenn Sie aber eine einfache Joghurtsauce zubereiten oder Steaks nur mit Salz und Pfeffer würzen, dann geben Sie doch mal grob gehackte grüne Korianderkörner darüber.

Jasmin, Rose, Banane, Aprikose, Schokolade, Haselnuss, Vanille …: Der Duft eines guten Kaffees setzt sich aus über tausend Aromastoffen zusammen. Das macht Kaffeebohnen auch als Gewürz interessant, denn im Prinzip kann man die Bohnen mit allen Zutaten koppeln, die ähnliche Geschmacksstoffe enthalten. Es klingt vielleicht ungewohnt, doch hier passen Kaffee-Röstaromen auf jeden Fall zum Hähnchen und Kaffee-Fruchtaromen zur Aprikose.

Gefüllte Hähnchenbrustfilets mit Aprikosensauce

ZUTATEN für 4 Personen:
je etwa 20 Kapuzinerkresseblüten und -blätter (+ ein paar
  Blüten mehr für die Garnitur)
50 g Macadamianüsse
1 TL frisch gepresster Limettensaft
Salz | 5 EL Öl | 200 g Aprikosen
2–3 Frühlingszwiebeln
500 g Zucchini
2 Knoblauchzehen
4 Hähnchenbrustfilets (am
  besten mit Haut, je 200 g)
2 TL Kaffeebohnen
Pfeffer | 200 ml Geflügelfond
1 TL Butter
Außerdem:
Holzspießchen

ZUBEREITUNGSZEIT: 40 Min.
PRO PORTION: ca. 475 kcal

1 Die Kresseblüten abbrausen und trocken tupfen. Mit den Macadamianüssen, dem Limettensaft und etwa 1 Prise Salz in einem elektrischen Blitzhacker fein pürieren (sind die Nüsse gesalzen, wenig Salz zugeben, sind sie ungesalzen etwas mehr). Nach und nach 3 EL Öl untermixen. Die Kresseblätter abbrausen, trocken tupfen und in Streifen schneiden.

2 Die Aprikosen waschen, halbieren, entsteinen und in schmale Spalten schneiden. Die Frühlingszwiebeln waschen und putzen, dabei Wurzeln und welke Blätter entfernen. Zwiebeln in 3 cm lange Stücke schneiden. Zucchini waschen, putzen, längs halbieren und schräg in etwa 1 cm dicke Scheiben schneiden. Knoblauch schälen und fein hacken.

3 Hähnchenbrustfilets von der Längsseite her so einschneiden, dass die Filets aufgeklappt werden können, aber an einer Seite noch zusammenhalten. Die Filets aufklappen und mit der Kresseblütenpaste bestreichen, wieder zuklappen und mit Holzspießchen fixieren.

4 Kaffeebohnen in einem Mörser grob zerstoßen. Hähnchenbrustfilets mit Kaffee, Salz und reichlich Pfeffer würzen. In einer beschichteten Pfanne auf der Hautseite bei geringer Hitze in etwa 12 Min. knusprig braten, wenden und in 3 Min. fertig braten. In einer zweiten Pfanne übriges Öl erhitzen, die Zucchini darin bei mittlerer Hitze 5 Min. braten, dabei ab und zu umrühren.

5 Hähnchenfilets aus der Pfanne nehmen, auf einem Teller ruhen lassen. Frühlingszwiebeln in der Pfanne bei starker Hitze kurz anbraten, Fond aufgießen und um die Hälfte einkochen. Die Aprikosen untermischen und warm werden lassen, Butter unterrühren, salzen und pfeffern. Die Zucchini mit Knoblauch, Salz und Pfeffer würzen, kurz ziehen lassen und mit den Kresseblättern mischen. Hähnchenbrustfilets mit der Aprikosensauce und den Zucchini anrichten. Mit Kapuzinerkresseblüten garnieren.

MÖHREN

Sie wachsen langsam. Aber zum Trost für Ungeduldige: Am besten schmecken Möhren sowieso, wenn sie ganz jung geerntet werden. Schön süß. Die Wildform der Karotte bildet übrigens eine weißliche Wurzel. Bis zum Ende des 17. Jahrhunderts wurden in Europa nur weiße, gelbe und violette Sorten angebaut. Die heute so bekannte orangefarbene Form züchteten holländische Gärtner erst vor 200 Jahren. Aus der Küche ist die gute alte Karotte nicht wegzudenken. Schließlich ist sie ziemlich vielseitig. Mit welchem Gemüse kann man schon einen süßen Kuchenteig zubereiten? Außerdem schmeckt sie roh mindestens genauso gut wie gekocht. Jedenfalls mir. Selbst das feine Laub ist essbar, wenn es ganz jung und frisch ist. Und das sollte man nach der Ernte übrigens gleich von den Wurzeln abschneiden, weil es ihnen nach und nach Feuchtigkeit entzieht. Aber zum Lagern der Möhren kommt es bei uns gar nicht. Dazu ernten wir zu kleine Mengen, die wir am liebsten ganz frisch essen.

HEGEN UND PFLEGEN

Möhren mögen Sonne, akzeptieren aber auch noch Halbschatten. Sie brauchen einen durchlässigen und leichten Boden, der nicht frisch gedüngt sein sollte. Wir entfernen auch Steine aus der Erde, sonst verzweigen sich die Möhren. Die Samen sind sehr fein und haben eine lange Keimzeit – bis zu vier Wochen. Pflanzen mit Pfahlwurzeln haben es überhaupt nicht gern, umgesetzt zu werden. Deshalb säen wir ab Mai direkt ins Beet in Reihen mit etwa 30 Zentimeter Abstand und etwa zwei Zentimeter Tiefe. Später dünnen wir die Reihen aus. Möhren sind zweijährig: Im ersten Jahr wächst die Wurzel. Wenn man die nicht zieht, sprießen im zweiten Jahr Doldenblüten. Lästig werden kann die Möhrenfliege, deren Maden Gänge durch die Wurzeln bohren. Da dieser Schädling durch den Geruch der Karotten und ihrer Blätter angelockt wird, kann man ein bisschen tricksen und zwischen die Möhren Lauch oder Zwiebeln setzen. Die überdecken den Duft. Oder Sie versuchen es mit einigermaßen resistenten Möhrensorten wie »Flyaway« oder »Resistafly«.

GURKEN

Lange Zeit fand ich Salatgurken nicht sehr spannend. Lange Zeit kannte ich aber auch nur diese langweiligen, wässrigen, in Folie verpackten Dinger aus dem Supermarkt. Doch jetzt haben wir nicht nur eine Tochter, die sich in punkto frisches Gemüse vor allem an Tomaten und Gurken hält, jetzt hat uns auch längst gärtnerischer Ehrgeiz gepackt: Gurken sind ein wenig kapriziös und brauchen viel Zuwendung. Damals auf dem Balkon haben wir es nicht geschafft, auch nur ein einziges Gürkchen von unserer Pflanze zu ernten. Auch die ersten Versuche im Garten schlugen fehl. Einmal waren es die Spinnmilben, dann war es zu feucht, zu trocken, zu windig oder was weiß ich. Wir wollten schon das Handtuch werfen. Doch schließlich probierten wir eine wunderbar saftig schmeckende Gurkensorte bei einem Gärtnerfreund und bekamen kurz danach ein kleines Gewächshaus. Darin rankt jetzt eine prächtige Gurkenpflanze mit hübschen gelben Blüten und jeder Menge Gurken.

HEGEN UND PFLEGEN

Die Gurke ist ein Mitglied der Kürbisfamilie, aber im Vergleich zu ihren Brüdern und Schwestern etwas zarter besaitet und anspruchsvoller. Sie verträgt absolut keinen Frost, also frühestens Ende Mai ins Freie bringen. Anfang Mai kann man aber schon in der Wohnung vorziehen, jeweils zwei Samen in einem Topf. Wenn die Sämlinge etwa drei Zentimeter groß sind, den schwächeren entfernen. Auf der sicheren Seite ist man in unseren Breitengraden mit einem Gewächshaus oder einem Tunnel. Gurken brauchen sehr gehaltvolle Erde und viel Wasser. Weil der Boden aber auch salzarm sein sollte, lieber etwas öfter, aber niedrig dosiert düngen. Häufig und reichlich gießen, wenn möglich mit warmem Wasser. Ganz wichtig ist eine Rankhilfe. Hängen Gurken von einer aufgebundenen Pflanze herab, wachsen sie gerade. Liegen die Früchte auf der Erde, bekommen sie oft eine gekrümmte Form. Geschmacklich ist das egal. Der Ertrag fällt reicher aus, wenn man regelmäßig kleinere Früchte erntet.

Joghurt braucht nur ein bisschen Salz und Wasser und schon wird daraus das perfekte Erfrischungsgetränk bei sommerlicher Hitze – welches in Dönerbuden »Ayran« heißt. Wenn zum Grundmix noch asiatische Aromen kommen und vielleicht eine Frucht oder eine Gurke, wird es beim Inder »Lassi« genannt. Beide Getränke sind mit Sicherheit verwandt. Und das Rezept ist sehr flexibel – spielen Sie nach Gusto damit, aber vergessen Sie nie 1 Prise Salz.

ZUTATEN für 4 Personen:
2 Aprikosen (ersatzweise Renekloden oder Mirabellen)
1 Salatgurke
500 g Naturjoghurt
1 TL Salz
1 TL gemahlener Kreuzkümmel
4 Stängel Zitronenverbene,
   Koriandergrün oder Estragon
   (nach Belieben)
¼ l Mineralwasser mit Kohlen-
   säure

ZUBEREITUNGSZEIT: 10 Min.
KÜHL-/GEFRIERZEIT: 1 Std.
PRO PORTION: ca. 100 kcal

Gurkenlassi mit Aprikosen

1 Die Aprikosen waschen, halbieren, entsteinen und in etwa 1 cm große Würfel schneiden. Aprikosen auf einen Teller oder in eine kleine Schüssel geben und im Tiefkühlfach etwa 1 Std. anfrieren lassen.

2 Die Gurke schälen und in grobe Würfel schneiden. Mit dem Joghurt in einen großen Rührbecher geben und mit einem Stabmixer fein pürieren. Das Lassi mit Salz und Kreuzkümmel würzen. Zugedeckt etwa 1 Std. in den Kühlschrank stellen.

3 Die Kräuter abbrausen und trocken schütteln. Das Mineralwasser zum Lassi gießen und noch einmal kurz aufmixen, abschmecken. Lassi in hohe Gläser füllen und mit den gefrorenen Aprikosenwürfeln verrühren. Mit den Kräuterstängeln garnieren und mit Cocktaillöffeln servieren.

KÜHLENDE DIPS – TSATSIKI UND GURKENRAITA

Die Kombination von Salatgurke und Joghurt erfrischt nicht nur im Lassi, sondern auch im griechischen Tsatsiki oder in der indischen Gurkenraita. Beide eignen sich als Dip zu scharfen Gerichten oder zu gegrilltem Fleisch. **Für Tsatsiki** 1 Salatgurke schälen, längs halbieren und die Kerne mit einem Teelöffel entfernen. Die Gurkenhälften grob raspeln, salzen und nach etwa 10 Min. fest in einem Küchentuch auspressen. Dann mit 250 g griechischem Naturjoghurt (10 % Fett) verrühren, mit Salz und Pfeffer würzen. Normalerweise kommt noch reichlich roher Knoblauch dazu – den lasse ich lieber weg. Oder ersetze ihn durch Schnittlauch. **Für Raita** 1 Salatgurke ebenfalls schälen und entkernen, dann aber entweder in dünne Scheiben schneiden oder ganz klein würfeln. Mit 250 g griechischem Naturjoghurt (10 % Fett) mischen und mit Salz, Pfeffer und gemahlenem Kreuzkümmel, eventuell auch mit ein bisschen Kurkumapulver würzen. **Extras:** Beide Saucen lassen sich sehr gut mit reichlich gehacktem Koriandergrün oder etwas weniger gehackter Minze verfeinern.

Also, dass Knollensellerie als cremiges Püree wunderbar schmecken kann, ist mir schon klar. Trotzdem haben wir die Produktion »outgesourced« – die Pflanzen sind zu groß für unsere begrenzten Anbauflächen, die Knollen selbst im Bioladen zu billig. Bei Stangensellerie liegt der Fall anders: Schon die sattgrüne Farbe der fein gefiederten Blätter ist Grund genug, die Pflanze in den Garten zu setzen. Und wenn beim Gemüse kein Platz ist, ab zu den Blumen!

ZUTATEN für 4 Personen:
1 Staude Stangensellerie (mit den Blättern, etwa 400 g)
3–4 rote Zwiebeln
1 Bio-Zitrone
Salz | Pfeffer
6 EL Olivenöl
3 EL Pinienkerne
1 TL Korianderkörner
1 TL Fenchelsamen
1 TL Zucker

ZUBEREITUNGSZEIT: 20 Min.
MARINIERZEIT: 1 Std.
PRO PORTION: ca. 235 kcal

Stangenselleriesalat mit roten Zwiebeln

1 Die Sellerieblätter von der Staude zupfen, waschen und trocken tupfen, beiseitelegen und abdecken. Selleriestangen waschen, putzen und schräg in dünne Scheiben schneiden. Zwiebeln schälen und in sehr dünne Ringe schneiden. (Einfacher geht das Zwiebelschneiden, wenn Sie die Zwiebeln vorher halbieren – dann sind es halt Streifen und keine Ringe.)

2 Die Zitrone heiß waschen und abtrocknen, die Schale hauchdünn abschälen und in ganz feine Streifen schneiden oder hacken. Den Zitronensaft auspressen und mit Salz, Pfeffer und 5 EL Olivenöl verrühren. Die Selleriescheiben und die Zwiebeln jeweils getrennt mit der Hälfte der Sauce mischen, etwa 1 Std. marinieren lassen.

3 Dann das restliche Öl in einer beschichteten Pfanne erhitzen. Pinienkerne, Korianderkörner und Fenchelsamen sowie den Zucker einstreuen und unter Rühren bei mittlerer Hitze goldbraun karamellisieren lassen. Salzen, auf ein Brett geben, abkühlen lassen und zu Gewürzbröseln hacken.

4 Marinierten Sellerie und die Zwieben mischen, mit Salz und Pfeffer abschmecken. Die Sellerieblätter dazugeben und grob untermengen. Den Salat sofort anrichten und mit den Gewürzbröseln bestreuen.

Zuckermelonen wie Charentais-, Galia- oder die Netzmelonen gehören zum Sommer wie Parmaschinken, Prosecco und Bikinis. Für Gärtner stellt die Melone schon eine ziemliche Herausforderung dar: Nur in Weinbaugebieten wächst sie im Freiland, sonst ist das mindeste ein großes Frühbeet. Bisher haben wir uns nie getraut, aber jetzt blüht die erste Melone im neuen Gewächshaus: »Minnesota Midget«. Diese Zwergmelone wird sicher rechtzeitig reif. Und sonst gehen wir halt auf den Markt – so wie früher.

Gegrillte Zucchini mit Koriander-Melonen-Chutney

ZUTATEN für 4 Personen:
800 g Zucchini
2 Knoblauchzehen
1 EL Korianderkörner
1 TL Pimentkörner
Salz | Pfeffer
3 EL Öl
1 kleine Zuckermelone
  (etwa 900 g)
3 EL Zucker
2 EL Weißweinessig
1 EL Currypulver (siehe
  auch Tipp)
1 Bund Koriandergrün
Außerdem:
Holzkohlegrill
Alu-Grillschale

ZUBEREITUNGSZEIT: 45 Min.
KOCHZEIT: 30 Min.
PRO PORTION: ca. 235 kcal

1 Zucchini waschen, putzen und in knapp 1 cm dicke Scheiben schneiden. Knoblauch schälen und grob hacken, mit Koriander- und Pimentkörnern sowie je 1 TL Salz und Pfeffer in einem Mörser oder einem elektrischen Blitzhacker fein zerkleinern. Die Gewürzmischung mit Öl verrühren und mit den Zucchinischeiben vermengen, zugedeckt 30 Min. marinieren.

2 Inzwischen die Melone halbieren, entkernen und in 2 cm dicke Spalten schneiden, die Schalen abschneiden. Melonenspalten quer in 5 mm dicke Scheiben schneiden. In einem Topf Zucker mit 2 EL Wasser aufkochen. Sobald der Zucker goldbraun karamellisiert, mit Essig ablöschen und bei mittlerer Hitze kochen lassen, bis sich der Zucker wieder aufgelöst hat. Die Melone und das Currypulver dazugeben, alles 30 Min. bei geringer Hitze einkochen lassen. Chutney mit Salz und Pfeffer würzen, auskühlen lassen.

3 Grill anheizen. Zucchini in der Grillschale verteilen und 6–8 Min. bei mittlerer Hitze grillen, dabei einmal wenden und mit übrigem Gewürzöl einpinseln. Koriandergrün abbrausen, trocken schütteln, hacken und unter das Chutney rühren. Zucchini auf Teller verteilen, mit Chutney servieren.

CURRYPULVER SELBST GEMACHT

Dafür 1 TL Kreuzkümmelsamen, 1 EL Korianderkörner, 2–4 getrocknete Chilischoten, 4 Nelken, 1 EL Pimentkörner, 1 TL Zimtblüten sowie die schwarzen Samen aus 4 grünen Kardamomkapseln in einer Pfanne ohne Fett 3–4 Min. rösten, bis sie duften. Dann in einer Nuss-, Getreide- oder Kaffeemühle fein mahlen. In einem Mörser geht es auch, ist aber etwas mühsamer. Jeweils ½ TL Ingwer- und Kurkumapulver unterrühren. Tipp: Wer keine Zimtblüten findet, mischt stattdessen 1 Msp. gemahlenen Zimt unter die fertige Gewürzmischung. Kühl und dunkel lagern.

Selbst wenn Chimichurri nur ein mittelmäßiger Grilldip wäre, würde ich ihn hier nennen, weil mir sein Name so gut gefällt. Er klingt so, wie ich mir das Schnurren einer lateinamerikanischen Großstadtkatze vorstelle. Exotisch und erotisch. Chimichurri schmeckt aber auch klasse. Dazu gibt es Kartoffeln oder Maiskolben – gegart in der schwachen Glut einer echten Asado-Feuerstelle. Unsere Grills sind dafür leider zu klein. Vorgaren im Ofen hilft.

BBQ-Steaks mit Knoblauchkartoffeln und Chimichurri

ZUTATEN für 4 Personen:

Für die Steaks und Kartoffeln:
6 Knoblauchzehen
1 TL brauner Zucker
1 TL Pimentkörner
½ TL Zimtblüten (ersatzweise
  1 Msp. gemahlener Zimt)
1 Muskatblüte (Macis)
1 TL Salz | 1 TL Pfeffer
4 Steaks (je 180–200 g, z.B.
  Schweinehalsgrat, Rinder-
  rücken, Hirschkeule)
8 Kartoffeln (je etwa 100 g)
16 dünne Scheiben Bacon
Für das Chimichurri:
2 Zwiebeln | 1 Knoblauchzehe
1 Paprikaschote | Salz
1 Lorbeerblatt | 7 EL Olivenöl
1 TL edelsüßes Paprikapulver
1 TL getrockneter Oregano
½ TL Chiliflocken
4 EL Rotweinessig | 2 Tomaten
1 Bund Petersilie | Pfeffer
Außerdem:
Alufolie | Holzkohlegrill

ZUBEREITUNGSZEIT: 1 Std.
MARINIER-/ BACKZEIT:
  bis 1 Std.
PRO PORTION: ca. 845 kcal

1 Für die Steaks 2 Knoblauchzehen schälen und grob hacken. Mit Zucker, Gewürzen, Salz und Pfeffer in einem Mörser oder einem elektrischen Blitzhacker fein zerkleinern. Steaks mit der Mischung einreiben, zugedeckt bei Raumtemperatur marinieren lassen, bis sie gebraucht werden.

2 Für das Chimichurri Zwiebeln und Knoblauch schälen, beides klein würfeln. Die Paprikaschote vierteln, von Stiel, Trennwänden und Kernen befreien, waschen und ebenfalls klein würfeln. Alles mit 1 Prise Salz, Lorbeerblatt und je 2 EL Olivenöl und Wasser in einen kleinen Topf geben und bei geringer Hitze 20 Min. zugedeckt dünsten. Paprikapulver, Oregano und Chiliflocken mit in den Topf geben, unterrühren. Das Paprikagemüse mit Rotweinessig ablöschen, vom Herd nehmen und kurz abkühlen lassen.

3 Inzwischen die Tomaten waschen und vierteln, dabei Stielansätze und Kerne entfernen, Fruchtfleisch würfeln. Petersilie abbrausen und trocken schütteln, die Blättchen abzupfen und fein hacken. Tomaten, Petersilie und das übrige Olivenöl unter das Paprikagemüse mischen, mit Salz und Pfeffer abschmecken. Chimichurri mindestens 1 Std. ziehen lassen.

4 Backofen auf 180° (Umluft 160°) vorheizen. Übrigen Knoblauch schälen und längs vierteln. Kartoffeln gründlich waschen, mit einem spitzen Messer kleine Löcher hineinbohren und die Kartoffeln mit dem Knoblauch spicken. Jede Kartoffel mit 2 Speckscheiben umwickeln und in Alufolie einpacken. Kartoffeln auf ein Backblech legen und im Ofen (Mitte) 30–40 Min. backen.

5 Den Holzkohlegrill anheizen. Die Steaks auf den Rost legen und bei mittlerer Hitze 8–10 Min. grillen, dabei einmal wenden. Die Kartoffeln in der Glut noch einmal kurz nachgrillen. Die BBQ-Steaks mit den Kartoffeln und dem Chimichurri servieren.

Hier haben Sie praktisch zwei Rezepte in einem: Muffins sind nämlich erst aus diesem Teig geworden, als wir einmal ein halbflüssiges Schokoladentörtchen ein paar Minuten zu lang im Ofen gelassen hatten. Die Garzeit für das Törtchen muss nämlich sehr genau stimmen, schwankt aber je nach Förmchen und Ofen – jeder muss also die perfekte Zeit selber herausfinden. Bei den Muffins kommt es nicht auf die Minute an, das Ergebnis ist immer spitze!

Schoko-Kirsch-Muffins mit Thymian

ZUTATEN für 12 Stück:
36 Kirschen
6 Zweige Thymian
50 g Marzipanrohmasse
250 g Zartbitterkuvertüre
250 g Butter
4 Eier (M)
100 g Zucker
2 TL Speisestärke
150 g gemahlene Mandeln
Puderzucker zum Bestäuben
Außerdem:
12er-Muffinblech
24 Papiermuffinförmchen

ZUBEREITUNGSZEIT: 40 Min.
BACKZEIT: 35 Min.
PRO STÜCK: ca. 445 kcal

1 Die Kirschen waschen, entstielen und entsteinen. Thymian abbrausen und trocken schütteln, die Blättchen von den Zweigen abstreifen. Thymian mit dem Marzipan verkneten und zu dünnen Strängen formen. Die Stränge in 36 gleich große Stücke teilen, zu kleinen Kugeln rollen und anstatt der Steine in die Kirschen füllen. (Wem das zu umständlich erscheint, der lässt Marzipan und Thymian einfach weg. Die Muffins schmecken dann ein bisschen anders, aber genauso gut.)

2 Den Backofen auf 160° (Umluft 140°) vorheizen. Je 2 Papierförmchen in jede Vertiefung des Muffinblechs setzen. Die Kuvertüre fein hacken, die Butter in kleine Würfel schneiden. Beides in einer Metallschüssel über einem heißen Wasserbad schmelzen, dabei ab und zu umrühren.

3 Die Eier mit Zucker und Stärke mit den Quirlen des Handrührgeräts glatt verrühren. Kuvertüre-Butter-Mischung und Mandeln dazugeben und alles rasch zu einem glatten Teig vermengen. Den Teig in den Förmchen verteilen, pro Muffin jeweils 3 Kirschen in den Teig drücken. Die Muffins im Ofen (Mitte) etwa 35 Min. backen.

4 Das Blech aus dem Ofen nehmen und die Muffins darin etwa 5 Min. abkühlen lassen. Dann die Muffins aus den Blechvertiefungen holen und auf einem Kuchengitter auskühlen lassen. Mit Puderzucker bestäuben.

BUTTER UND MANDELN STATT PAPIER
Muffinförmchen aus Papier sind zwar hübsch anzusehen, aber nicht unbedingt notwendig. Sie können das Muffinblech auch einfach buttern, mit gemahlenen Mandeln ausstreuen und den Teig anschließend direkt einfüllen.

Wenn ich auf eine einsame tropische Insel nur einen Schmarren mitnehmen dürfte, dann wäre es dieser. Auf den »Kaiser« kann ich verzichten – böswillig formuliert, ist ein Kaiser-schmarren ja doch nur ein missglückter Pfannkuchen. Während ein Semmelschmarren zwar eine Kreation der Resteverwertung ist, aber doch ein ganz eigenständiges Gericht. Und wenn jene besagte Insel in der Karibik läge und dort allerbester Rum gebrannt würde, dann flambierte ich den Semmelschmarren noch mit einem kleinen Schuss dieser Kostbarkeit.

Semmelschmarren mit Kirschen

ZUTATEN für 4 Personen:
3 Brötchen (vom Vortag, ersatzweise 150 g Weißbrot oder
   Hefezopf)
1 Pck. Vanillezucker
250 g Sahne oder
   ¼ l Milch
2 Eier (M)
1 kleine Prise Salz
250 g Kirschen
2–3 EL Butter
4 EL Zucker
½ TL gemahlener Zimt
Puderzucker zum Bestäuben

ZUBEREITUNGSZEIT: 20 Min.
EINWEICHZEIT: 20 Min.
PRO PORTION: ca. 450 kcal

1 Die Brötchen halbieren, in möglichst dünne Scheiben schneiden und in eine Schüssel geben. Den Vanillezucker mit der Sahne oder Milch leicht erwärmen, mit Eiern und Salz verquirlen und über die Brötchen gießen. Zudecken und etwa 20 Min. einweichen lassen.

2 Die Kirschen waschen, entstielen und entsteinen. Die Hälfte der Butter in einer großen beschichteten Pfanne schmelzen und aufschäumen lassen. Eier-Brötchen-Mischung in der Pfanne verteilen und bei mittlerer Hitze 2–3 Min. stocken lassen. Den Semmelschmarren mit zwei Gabeln in große Stücke reißen, goldbraun braten, wenden. Restliche Butter dazugeben und den Schmarren in 3–4 Min. fertig braten.

3 Zucker mit Zimt mischen, über den Schmarren streuen und vorsichtig untermischen. Sobald der Zucker schmilzt und goldbraun karamellisiert, die Kirschen dazugeben und warm werden lassen. Den Semmelschmarren auf Tellern verteilen, mit Puderzucker bestäuben.

ES MÜSSEN KEINE KIRSCHEN SEIN

Notfalls schmeckt der Schmarren auch ganz ohne Obst, in jedem Fall aber je nach Jahreszeit mit Früchten, die die Saison gerade zu bieten hat. Das können klein gewürfelte Birnen oder Pfirsiche sein. Oder passend zur Karibik – siehe ganz oben – ein paar Stücke Mango untermischen.

Burlat 1.–3. KW, Hedelfinger ab 4. KW, Prinzessin 5. KW, Regina 6. + 7. KW. Was in den Zeiten von elektronischen Terminplanern nach nüchternen Verabredungen im Verlauf der Kalenderwochen klingt, bestimmt in Wirklichkeit den Reigen der Kirschsorten zur Ernte-zeit: Wann diese beginnt, hängt vom Frühjahrswetter des jeweiligen Jahres ab. Und welche Kirschen nach dem Erntebeginn in welcher Kirschwoche reifen, bestimmt allein die Sorte. Insgesamt zieht sich die Ernte über sieben Kirschwochen hin, was kürzer klingt, als es wirk-lich ist, denn eine Kirschwoche dauert seltsamerweise 11–14 Tage.

Kirschsorbet mit Mandelstreifen

ZUTATEN für 4 Personen:

Für das Sorbet:
500 g Kirschen
frisch gepresster Saft
  von 2 Zitronen
4 Stängel Zitronenmelisse
125 g Zucker
100 ml Kirschsaft
Für die Mandelstreifen:
250 g Sahne
50 g Butter
200 g Zucker
200 g Mandelblättchen
100 g Mehl
Außerdem:
Backpapier

ZUBEREITUNGSZEIT: 45 Min.
GEFRIERZEIT: 30 Min. (in der
  Eismaschine) oder 4–6 Std.
  (im Tiefkühlfach)
BACKZEIT: 15–20 Min.
PRO PORTION: ca. 1075 kcal

1 Für das Sorbet Kirschen waschen, entstielen und entsteinen. Ein Drittel der Kirschen klein würfeln, den Rest mit dem Zitronensaft mit einem Stab-mixer fein pürieren. Melisse abbrausen und trocken schütteln, Blättchen abzupfen, fein hacken und mit den Kirschwürfeln unter das Püree rühren.

2 In einem kleinen Topf den Zucker mit 3 EL Wasser aufkochen und gold-braun karamellisieren lassen. Mit dem Kirschsaft ablöschen und so lange kochen, bis sich der Zucker wieder gelöst hat. Kirschpüree untermischen und die Masse abkühlen lassen.

3 Abgekühlte Kirschmasse entweder in eine Eismaschine geben und darin in etwa 30 Min. gefrieren lassen. Oder die Masse in eine Schüssel füllen und in ein Tiefkühlfach stellen, 1 Std. anfrieren lassen, umrühren. Danach alle 30 Min. wieder umrühren, bis die Masse in 4–6 Std. cremig-fest gefroren ist.

4 Für die Mandelstreifen den Backofen auf 200° (Umluft 180°) vorheizen, ein Backblech mit Backpapier auslegen. Sahne, Butter und Zucker in einem kleinen Topf kurz aufkochen, dann vom Herd nehmen. Mandelblättchen und Mehl mit der Sahnemischung verrühren. Mandelmasse mit einer Teig-karte, einer Winkelpalette oder einem Teigschaber möglichst dünn und gleichmäßig auf dem Blech verteilen und glatt streichen. Im Ofen (Mitte) in 15–20 Min. goldbraun backen. Das Blech aus dem Ofen nehmen und die Gebäckplatte auf ein Arbeitsbrett stürzen, das Backpapier abziehen. Mit einem Pizzaschneider oder einem großen Messer die heiße Mandel-platte in Streifen (etwa 2 x 10 cm) schneiden, auskühlen lassen.

5 Zum Servieren aus dem Sorbet Kugeln formen, in Schüsseln oder Tassen verteilen und mit Mandelstreifen dekorieren. Übrige Mandelstreifen extra dazu reichen – Reste halten sich übrigens luftdicht verpackt einige Tage.

Die Zuckersorten Muscovado und Demerara enthalten Reste von Melasse, welche sie auf natürliche Weise braun färbt und ihnen ein besonderes Aroma verleiht. Früher handelte es sich dabei um Zucker aus primitiven Siedereien, die nicht in der Lage waren, diesen weiß und sauber zu raffinieren. Heute entdecken Feinschmecker aus aller Welt die urtümlichen Sorten wieder. Inzwischen finden Sie beide in Bioläden oder gut sortierten Supermärkten.

Ziegenfrischkäse mit Melone

1 Melisse oder Verbene abbrausen und trocken schütteln, die Blättchen abzupfen und grob hacken. In einem kleinen Topf den Zucker mit 4 EL Wasser und der Melisse oder Verbene aufkochen, vom Herd nehmen und 10 Min. ziehen lassen.

2 Inzwischen Chilischote waschen, längs halbieren, Kerne und den Stiel entfernen. Chili fein hacken. Zitrone heiß waschen und abtrocknen, die Schale fein abreiben und den Saft auspressen. Pistazien grob hacken. Alles mit dem Kräuter-Zucker-Sirup und dem Olivenöl verrühren. Die Sauce mit Salz und Pfeffer abschmecken.

3 Die Melone halbieren und die Kerne mit einem Esslöffel herauskratzen. Die Melonenhälften in Spalten schneiden und schälen. Die Spalten quer in 5 mm dicke Scheiben schneiden, mit der Sauce mischen und auf Tellern anrichten. Rucola waschen und trocken schleudern, grobe Stiele entfernen, den Salat auf der Melone verteilen. Den Ziegenfrischkäse grob zerbröseln oder in kleine Ecken schneiden und auf den Melonensalat setzen. Servieren.

DAZU PASSEN: GEBRATENE GRIESSSCHNITTEN

Dafür je 300 ml Milch und Wasser (oder Gemüsebrühe) in einem kleinen Topf aufkochen, 2 EL Olivenöl dazugeben. 150 g Hartweizengrieß unter Rühren in den Topf rieseln lassen, aufkochen, mit Salz, Pfeffer und frisch geriebener Muskatnuss würzen. Nach Packungsanweisung etwa 5 Min. zugedeckt bei sehr geringer Hitze quellen lassen. Ein Backblech (oder einen großen Teller) mit wenig Öl bestreichen, den Grießbrei darauf verteilen und mit einem gefetteten Pfannenwender glatt streichen. Auskühlen lassen. Die feste Grießplatte in Streifen oder Ecken schneiden und mit Butter und Olivenöl in einer großen beschichteten Pfanne knusprig braun braten.

ZUTATEN für 4 Personen:
4 Stängel Zitronenmelisse
  oder Zitronenverbene
2 EL Roh-Rohrzucker (z. B.
  Muscovado oder Demerara,
  siehe oben)
1 Chilischote | 1 Bio-Zitrone
3 EL Pistazienkerne
2 EL Olivenöl
Salz | Pfeffer
1 Zuckermelone (z. B. Galia)
1 Bund Rucola
200 g Ziegenfrischkäse
  (ersatzweise andere
  weiche Käsesorten)

ZUBEREITUNGSZEIT: 35 Min.
PRO PORTION: ca. 340 kcal

Hier die pikante Variante des Käsekuchens ohne Boden. Verwenden Sie am besten einen eher cremig-fetten Ziegenfrischkäse, damit die kleinen Tartelettes schön saftig schmecken. Wer will, kann die Formen aber auch zuerst mit einem salzigen Mürbeteig auslegen und dann füllen. Für den Teig 50 g Butterschmalz mit 50 ml Wasser aufkochen und mit 150 g Mehl und 1 Prise Salz verkneten, im Kühlschrank abkühlen lassen, dann ausrollen.

ZUTATEN für 4 Stück:
500 g Ziegenfrischkäse
1 Bund gemischte Kräuter (z. B.
  Thymian, Rosmarin, Oregano)
60 g weiche Butter (+ etwas
  mehr für die Formen)
Salz | Pfeffer
3 Eier (M)
3 EL Hartweizengrieß
2 TL Speisestärke
1 EL scharfer Senf
1 TL Zucker
Außerdem:
4 Tartelettes-Formen (12 cm Ø)

ZUBEREITUNGSZEIT: 20 Min.
BACKZEIT: 25 Min.
PRO STÜCK: ca. 595 kcal

Ziegenfrischkäse-tartelettes

1 Den Backofen auf 200° (Umluft 180°) vorheizen. Den Ziegenfrischkäse auf ein Küchentuch legen, das Tuch zusammendrehen und den Käse auspressen. Kräuter abbrausen und trocken schütteln, die Blättchen abzupfen und fein hacken. Tartelettes-Förmchen gründlich mit Butter einfetten.

2 Die Butter mit Salz und Pfeffer mit den Quirlen des Handrührgeräts cremig schlagen. Eier trennen und die Eigelbe nacheinander mit der Butter verrühren. Kräuter, Grieß, Stärke und Senf unterrühren. Ziegenkäse unter die Buttermasse mischen. Die Eiweiße mit dem Zucker steif schlagen und locker unter die Käsemasse heben.

3 Die Käsemasse in den Formen verteilen, im Ofen (Mitte) in etwa 25 Min. goldbraun backen. Tartelettes aus dem Ofen nehmen, kurz abkühlen lassen, aus den Formen holen und servieren.

DAZU PASSEN: PORTWEINFEIGEN
Dafür 1 Bio-Zitrone heiß waschen und abtrocknen, die Schale fein abreiben und den Saft auspressen. Beides mit ½ l Portwein, 4 Nelken, 1 TL Pimentkörnern, 1 Zimtstange, 2 Muskatblüten (Macis) und 150 g Zucker in einen kleinen Topf geben und 5 Min. kochen lassen. 8 Feigen vorsichtig waschen, halbieren und in eine Schüssel legen. Den heißen Portwein über die Feigen gießen, abgedeckt mindestens 24 Std. im Kühlschrank durchziehen lassen. Mit den Tartelettes auf Tellern anrichten.

TIPP
Wer sich etwas weniger Arbeit machen und die Portweinfeigen nicht zubereiten möchte, stellt die Tartelettes einfach mit ein paar frischen Früchten wie Himbeeren, Erdbeeren oder Aprikosen auf den Tisch.

HIMBEEREN

Sie schmecken wunderbar und gehören ganz klar zu meinen Lieblingsfrüchten! Nur leider sind Himbeeren sehr druckempfindlich, müssen speziell transportiert werden und sind deshalb teuer, wenn man sie kauft. Zudem muss man sie ganz ausgereift ernten und sie sind dann aber nur einen Tag haltbar. Keine Frage also, dass wir Himbeersträucher hinter dem Haus gepflanzt haben. Sie sind nicht kompliziert zu kultivieren. Es gibt ein- und mehrmals tragende Sorten. Weil wir uns für letztere entschieden haben, können wir im Frühsommer und im Herbst Beeren ernten. Vorteil der Herbsternte: Die Früchte sind auf jeden Fall ohne Maden, weil der Himbeerkäfer seine Eier nur im Frühjahr in die Blüten legt. Wir nehmen die Beeren für Müslis oder Desserts. Zum Konfitürekochen sind uns unsere eigenen Himbeeren zu schade. Weil die Pflanzen ziemlich wuchern, haben wir ihnen mit Pfosten und Drähten einen »Zaun« gebaut – das ist auch das Einzige, was beim Anbau von Himbeeren lästig sein kann.

BROMBEEREN

Der Klassiker unter den Wildfrüchten wächst an Waldrändern, auf Lichtungen und in Hecken. Warum also in den Garten setzen? Noch dazu ist die Pflanze unangenehm stachelig. Allerdings gedeiht sie prima auch an schattigen Plätzen, außerdem gibt es Kultursorten, die nicht so dornig sind. Wir haben zwei verschiedene Sträucher im Garten: Die Wildbrombeere aus dem Wald hat viele Dornen, wuchert wie verrückt und trägt kaum Früchte. Die gezüchtete Gartenbrombeere ist weniger stachlig und zudem ertragreicher. Die Waldpflanze werden wir wieder herausreißen. Brombeeren bilden lange Triebe, die auf dem Boden liegen, Wurzeln schlagen und zum Dickicht werden – es sei denn, man bindet sie hoch und macht sie so erntetauglich. Ernten können wir bis in den September hinein. Die säuerlich-süßen Beeren landen meistens gleich im Mund, manchmal sammeln wir sie für Konfitüre oder Desserts. Übrigens sind Brombeeren gar keine Beeren, sondern Sammelfrüchte – genauso wie Himbeeren.

HEGEN UND PFLEGEN

Die meisten Beerensträucher bevorzugen einen fetten, gut durchlässigen Boden und einen sonnigen Platz. Vor allem Himbeeren sollten geschnitten werden. Es gibt verschiedene Schnittmethoden für ein- und mehrmals tragende Sorten. Weil wir das unübersichtlich finden, halten wir uns an die Faustregel: Nach der Ernte alle abgetragenen Ruten direkt über dem Boden zurückschneiden, im nächsten Frühjahr höchstens noch ein paar Wildtriebe entfernen. Auch bei den Brombeeren schneiden wir nach der Ernte die Ruten ab, die getragen haben. Damit wir neue Triebe nicht immer hochbinden müssen, lassen wir sie am Gartenzaun entlangranken. Bei der Pflanzung mögen Him- und Brombeeren eine Ladung Kompost und im Herbst eine Schicht Rindenmulch. Bei Heidelbeeren kommen nur die alten Triebe weg. Die Sträucher brauchen einen besonders sauren Boden, deshalb gießen wir sie mit Regenwasser – der Kalk im Leitungswasser würde den Boden zu sehr neutralisieren. Zudem düngen wir öfter mit Kaffeesatz.

HEIDELBEEREN

Die kleinen blauen Beeren sind Wildfrüchte und heißen auch Blaubeeren, Schwarzbeeren oder Waldbeeren. Der Zwergstrauch wächst in lichtdurchlässigen Nadel- und Mischwäldern bis zur Baumgrenze hinauf, aber auch in Hochmooren. Ich habe also in unserem Garten ein waldartiges Plätzchen ausgesucht und zwei Sträucher gepflanzt. Und zwar eine »Sunshine Blue« und eine »Berkeley« – unterschiedliche Sorten sollen ja den Ertrag erhöhen. Zur Zeit ist die Ernte bei uns aber noch nicht sehr groß, deshalb gehen wir im August auch im Wald Heidelbeeren sammeln, eine schöne Familienaktion. Wilde Heidelbeeren sind sehr empfindlich und müssen möglichst sofort verarbeitet werden. Wir verlesen sie, waschen sie sorgfältig und lassen sie gut abtropfen. Kulturheidelbeeren sind größer und robuster als die wilden Früchte, aber auch nicht so aromatisch. Dafür sind sie im Garten ziemlich pflegeleicht. Sie brauchen nicht viel Platz, müssen kaum beschnitten werden und haben so gut wie nie Schädlinge.

Rezepte für die eigene Ernte müssen besonders flexibel sein – manchmal sind zum Beispiel keine 250 g Beeren reif und schon gar nicht von einer einzelnen Sorte. Den Beerenstrudel können Sie darum auch backen, wenn es nur eine einzige Beere zu ernten gibt. Die Quarkmasse wird dann ein wenig fester, sonst passiert aber nichts weiter.

Beerenstrudel

ZUTATEN für 6 Personen
(3 Stück):
150 g weiche Butter
1 Pck. Vanillezucker
100 g Zucker
1 Prise Salz
3 Eier (M)
500 g Quark (20 % Fett)
50 g Mehl
250 g Beeren (z.B. Himbeeren, Brombeeren, Heidelbeeren, Johannisbeeren, Monatserdbeeren)
6 Blatt Filoteig (etwa 30 x 30 cm, aus dem Kühlregal)
Puderzucker zum Bestäuben
Außerdem:
Backpapier
Küchentuch

ZUBEREITUNGSZEIT: 30 Min.
BACKZEIT: 40 Min.
PRO PORTION: ca. 505 kcal

1 Backofen auf 180° vorheizen, ein Backblech mit Backpapier auslegen. 100 g Butter mit Vanillezucker, 1 EL Zucker und Salz mit den Quirlen des Handrührgeräts cremig schlagen. Eier trennen, Eigelbe nacheinander unter die Buttermischung rühren. Eiweiße mit übrigem Zucker steif schlagen. Quark mit Buttercreme und Mehl verrühren, Eischnee locker unterheben.

2 Restliche Butter in einem kleinen Topf schmelzen lassen. Die Beeren verlesen, falls nötig vorsichtig abbrausen und trocken tupfen. Ein Küchentuch auf der Arbeitsfläche ausbreiten.

3 Auf das Tuch 1 Teigblatt legen, gleichmäßig mit etwas flüssiger Butter bestreichen und mit einem zweiten Teigblatt bedecken. Wieder mit Butter bestreichen. Ein Drittel der Füllung auf zwei Dritteln des Teigblatts verteilen, ein Drittel der Beeren daraufstreuen. Das Tuch von der belegten Seite her anheben und das Teigblatt zu einem Strudel aufrollen. Mit der Naht nach unten auf das Blech geben. Aus den übrigen Zutaten auf die gleiche Weise zwei weitere Strudel formen und auf das Blech legen. Mit übriger Butter bestreichen und im Ofen (Mitte, Umluft 160°) 40 Min. backen.

4 Die Strudel aus dem Ofen nehmen, kurz ruhen lassen und mit Puderzucker bestäuben. Die Strudel portionieren und auf Tellern verteilen. Wer möchte, serviert dazu Kirschsorbet (Seite 145), Vanillesauce oder -eis.

STRUDELTEIG SELBST GEMACHT
Dafür 200 g Mehl, 1 Prise Salz, 2 EL Öl, 1 Eigelb (M) und 80–100 ml warmes Wasser in einer Schüssel mischen. Auf der Arbeitsfläche mindestens 5 Min. kräftig durchkneten, bis die Teigoberfläche samtig glatt ist. Mit Öl bepinseln, zudecken, 30 Min. ruhen lassen. Teig erst ausrollen, dann ausziehen. Dazu mit den bemehlten Handrücken unter den ausgerollten Teig greifen und vorsichtig nach allen Seiten auseinanderziehen, bis er sehr dünn ist. Dicke Teigränder abschneiden. Strudelteig mit flüssiger Butter bestreichen, einmal zusammenklappen, mit Butter bestreichen, wie oben beschrieben füllen.

Heidelbeer-Buttermilch-Pfannkuchen

ZUTATEN für 4 Personen:
250 g Mehl
1 EL Zucker
1 TL Backpulver
3 Eier (M)
500 g Buttermilch
4–5 EL Butter
1 Prise Salz
200 g Heidelbeeren
Puderzucker zum Bestäuben
  (nach Belieben)

ZUBEREITUNGSZEIT: 25 Min.
RUHEZEIT: 20 Min.
PRO PORTION: ca. 410 kcal

1 Mehl, Zucker und Backpulver mischen. Eier trennen, die Eigelbe mit Buttermilch und der Mehlmischung mit den Quirlen des Handrührgeräts verrühren. Den Teig etwa 20 Min. ruhen und quellen lassen. Dann 3 EL Butter in einem kleinen Topf schmelzen lassen und unter den Teig mischen. Eiweiße mit dem Salz steif schlagen und unter den Teig heben. Die Heidelbeeren verlesen, falls nötig vorsichtig abbrausen und trocken tupfen.

2 In einer großen beschichteten Pfanne etwas Butter schmelzen lassen. Mit einem Esslöffel nach und nach etwas Teig abnehmen und als kleine Pfannkuchen in die Pfanne setzen. Die Teigküchlein mit ein paar Heidelbeeren bestreuen, 2 Min. bei mittlerer Hitze backen, umdrehen und in 2 Min. fertig backen. Den Vorgang so lange wiederholen, bis alle Zutaten verbraucht sind. Wer mag, stäubt zum Schluss noch etwas Puderzucker über die Pfannkuchen.

Sauerrahmpfannkuchen mit marinierten Himbeeren

ZUTATEN für 4 Personen:
1 Bio Zitrone
1 Vanilleschote
3 Eier (M)
1 Eigelb (M)
125 g saure Sahne
100 g Mehl
1 Prise Salz
2 EL Zucker
1 EL Butter
500 g Himbeeren
2 EL Puderzucker
2 cl Himbeergeist
  (nach Belieben)

ZUBEREITUNGSZEIT: 25 Min.
PRO PORTION: ca. 320 kcal

1 Den Backofen auf 200° (Umluft 180°) vorheizen. Zitrone heiß waschen und abtrocknen, die Schale fein abreiben und den Saft auspressen. Vanilleschote längs halbieren, Mark herauskratzen. Die Eier trennen. Alle Eigelbe mit Vanillemark, Zitronenschale, saurer Sahne, Mehl und Salz mit den Quirlen des Handrührgeräts verrühren. Die Eiweiße mit dem Zucker steif schlagen und unter die Sauerrahmmasse heben.

2 Etwas Butter in einer großen beschichteten Pfanne (ofenfest!) schmelzen lassen. Mit einem Esslöffel nach und nach Teig abnehmen, als kleine Pfannkuchen in die Pfanne setzen und 5 Min. im Ofen backen. Wenden, in 2 Min. fertig backen. Den Vorgang wiederholen, bis der Teig aufgebraucht ist.

3 Zwischendurch die Himbeeren verlesen. Zitronensaft mit Puderzucker, eventuell Himbeergeist und einem Drittel der Himbeeren mit einem Stabmixer pürieren. Das Fruchtpüree durch ein Sieb streichen und mit den restlichen Himbeeren mischen. Mit den Pfannkuchen servieren.

PFIRSICHE

Ein besonderes Kleinod in unserem Garten ist der kleine Pfirsichbaum, den wir an einem Spalier an unserer südlichen Hauswand gepflanzt haben. Der Baum selbst ist, ehrlich gesagt, auch nach Jahren immer noch nicht sehr groß, aber im Frühling blüht er hübsch rosa und dann erst die Früchte! Die sind ein Traum – seit wir den Baum im Frühsommer auslichten. Zu Beginn haben wir einfach alle Pfirsiche drangelassen. Das Ende von Lied: Viele fielen vor der Reife ab und die am Baum waren oft zu klein. Noch dazu hat das Gewicht mehrerer Früchte manchmal ganze Ästchen abgebrochen. Jetzt pflücken wir Ende Juni fast die Hälfte der Früchte ab, wenn sie etwa haselnussgroß sind. Dabei achten wir darauf, dass die verbleibenden Pfirsiche gleichmäßig an den Ästen verteilt sind. Im Herbst genießen wir dann die allerfeinsten Früchte frisch vom Baum – auf den Punkt gereift, gleichmäßig fest, super aromatisch. Solche Pfirsiche gibt es im Handel nicht!

Alle neugierigen Obstfans ohne eigenen Pfirsichbaum können aber inzwischen auch im Laden und vor allem auf Wochenmärkten verschiedenste Sorten probieren. Neben samtig behaarten Pfirsichen und ganz glatten Nektarinen (»Nacktpfirsiche«) seit einiger Zeit auch Plattpfirsiche. Die ähneln optisch einem etwas durchgesessenen Meditationskissen, kommen meistens aus Frankreich oder Spanien und haben ein paradiesisches Aroma. Genauso beliebt sind geschmackvolle Weinbergpfirsiche, die kleiner und rötlicher als normale Pfirsiche sind. Für Verwirrung sorgt ab und zu, dass im Handel fälschlicherweise Platt- als Weinbergpfirsiche angeboten werden. Unter Kennern gelten weißfleischige Sorten als die schmackhaftesten. Sie sind aber auch am druckempfindlichsten. Unser Pfirsichbaum gehört zur Sorte »Roter Ellerstädter«. Der Gärtner, der ihn damals lieferte, sprach von »alter Sorte« und »nicht so gut für den Handel geeignet«. Wahrscheinlich, weil man die Früchte im genau richtigen Reifestadium ernten muss. Und das geht nur, wenn man jeden Morgen raus in den Garten geht und nachsieht.

HEGEN UND PFLEGEN

Pfirsichbäume brauchen einen nährstoffreichen und humosen, Aprikosenbäume gern auch einen lehmigen Boden Beide mögen es nicht, wenn Staunässe entsteht oder der Boden zu trocken ist. Bei der Aprikose nach der Ernte alte, nach innen wachsende Triebe und Äste abschneiden. Unseren Pfirsichbaum beschneiden wir im Frühjahr, weil der Baum nur an den letztjährigen Trieben Blüten und Früchte ausbildet. Apropos Fruchtausbildung: in diesem Zeitraum ist eine gleichmäßige Wasserversorgung besonders wichtig. Beide Obstbäume eignen sich sehr gut als Spalierbäume an Wänden und Mauern. Dann aber unbedingt im Frühjahr gegen zu starke Sonneneinstrahlung schützen, sonst treiben sie zu früh aus und bei Frost erfrieren die Blüten. Spalierbäume sind gerade bei wenig Platz und suboptimalem Klima eine schöne Möglichkeit, doch einen empfindlichen Obstbaum zu haben. Sie erfordern eine spezielle, aber einfache Schnitttechnik und die Zweige müssen von Zeit zu Zeit an das Spalier gebunden werden.

APRIKOSEN

So herrlich süß und samtig – die besten Aprikosen meines Lebens habe ich in der Schweiz gegessen. Jawohl, zwischen hohen Bergen an den südlichen Hängen im Kanton Wallis baut Obstbauer Régis Métrailler mit größter Sorgfalt 35 verschiedene Aprikosensorten an. Das Besondere: Er erntet erst, wenn die Früchte wirklich reif sind und so richtig schön orange leuchten. Und das ist der springende Punkt. Für den Handel werden Aprikosen leider oft unreif geerntet, weil sie sich reif schlecht transportieren und lagern lassen. Aber dann schmecken sie eben meistens auch mehlig oder nach fast nichts. Deshalb kaufen wir Aprikosen wirklich nur von Mitte Juli bis Ende August, wenn sie bei uns Saison haben. Richtig gelesen: kaufen. Wir haben keinen Aprikosenbaum. Unseren Platz für einen Spalierbaum besetzt ja schon der Pfirsich. Und besonders gut gedeiht der sensible Aprikosenbaum nur bei mildem Weinbauklima. Wenn Sie in so einer Region leben, können Sie einen Anbau wagen.

Zuerst war ich ein wenig skeptisch, ob meine Idee für mehrere gleichzeitig gestürzte Mini-Pfirsichtartes auch wirklich funktioniert. Doch dann haben wir sie immer wieder erfolgreich gebacken. Wichtig: Drehen Sie das Blech zügig um, sonst könnte heißer Saft heraustropfen. Ist diese kleine Hürde gemeistert, bleiben zwölf Tartes, bei deren Duft die Tatin Schwestern (die den gleichnamigen Apfelkuchen erfanden) vor Neid erblassen würden.

Pfirsich-Schwestern mit Champagnersorbet

ZUTATEN für 12 Stück:

Für das Sorbet:
350 ml Champagner (ersatzweise Prosecco)
100 g weißer Zucker
1 Bio-Zitrone
5 cl Aprikosengeist

Für die Tartes:
6 EL Butter
6 EL brauner Zucker
6 Pfirsiche
4 TK-Blätterteigplatten (aufgetaut)

Außerdem:
12er-Muffinblech
runde Ausstecher (8 cm Ø, ersatzweise ein dünnwandiges Glas nehmen)

ZUBEREITUNGSZEIT: 45 Min. (incl. Backzeiten)
GEFRIERZEIT: 4 Std.
PRO STÜCK: ca. 190 kcal

1 Für das Sorbet den Champagner in einer Schüssel oder in einem Rührbecher in das Tiefkühlfach stellen. Den Zucker in einem kleinen Topf mit 200 ml Wasser aufkochen, dann vollständig auskühlen lassen. Dafür den Topf in ein eiskaltes Wasserbad stellen und den Sirup ab und zu umrühren.

2 Die Zitrone heiß waschen und abtrocknen, die Schale fein abreiben, den Saft auspressen. Beides mit dem Zuckersirup und Aprikosengeist mischen, in das Tiefkühlfach stellen und etwa 1 Std. 30 Min. anfrieren lassen. Noch einmal umrühren, Champagner dazugießen und unterrühren, die Mischung in etwa 2 Std. 30 Min. vollständig gefrieren lassen.

3 Den Backofen auf 240° (Umluft 220°) vorheizen. Für die Tartes je ½ EL Butter und Zucker in den Vertiefungen des Muffinblechs verteilen und im Ofen (unten) in 6–8 Min. karamellisieren lassen. Inzwischen die Pfirsiche waschen, halbieren und entsteinen. Die Hälften fächerförmig einschneiden – vorsichtig arbeiten, damit die Pfirsiche nicht auseinanderfallen.

4 Das Muffinblech aus dem Ofen nehmen, die Temperatur auf 200° (Umluft 180°) reduzieren. Je 1 Pfirsichhälfte mit der Schnittfläche nach oben in jede Blechvertiefung legen und dann im Ofen (Mitte) 10 Min. backen. In der Zwischenzeit die Blätterteigplatten aufeinanderlegen, dünn ausrollen und mit dem Ausstecher 12 Teigkreise ausstechen. Die Teigkreise auf die Pfirsiche legen, die Tartes in 10 Min. fertig backen.

5 Muffinblech aus dem Ofen nehmen, ein Backblech darauflegen und beides zusammen beherzt und zügig umdrehen. So werden alle 12 Mini-Tartes gleichzeitig aus der Form gestürzt. Das Sorbet mit einem Stabmixer cremig pürieren und mit den »Pfirsich-Schwestern« servieren.

Herbst

Auberginenkuchen mit Tomatensalat

1 Die Auberginen waschen, putzen und 2 cm groß würfeln. Zwiebeln und Knoblauch schälen und fein würfeln. Rosmarin und Thymian abbrausen und trocken schütteln, die Blättchen abstreifen und hacken. In zwei großen beschichteten Pfannen je 2 EL Öl erhitzen. Darin die Auberginen 10 Min. bei mittlerer Hitze unter Rühren braten. Nach 8 Min. Zwiebeln, Knoblauch, Rosmarin und Thymian dazugeben, mit Salz und Pfeffer würzen. Pfannen vom Herd nehmen und die Auberginen kurz abkühlen lassen.

2 Den Backofen auf 180° vorheizen. Den Boden der Springform mit Backpapier auslegen, die Ränder mit Butter einfetten. Crème fraîche mit den Eiern verrühren, Fetakäse grob zerbröseln. Beides mit den Auberginen vermischen und in der Form verteilen. Den Kuchen im Ofen (Mitte, Umluft 160°) in 1 Std. goldbraun backen.

3 Die Basilikumblättchen abzupfen und mit den Sardellenfilets hacken. Brühe oder Joghurt, Senf, restliches Olivenöl, Basilikum und Sardellen verrühren. Tomaten waschen und in Spalten schneiden, dabei die Stielansätze entfernen. Den Auberginenkuchen aus dem Ofen nehmen und kurz ruhen lassen, dann in Stücke schneiden. Tomaten mit Salz und Pfeffer würzen und mit der Sauce beträufeln. Mit dem Kuchen anrichten.

VARIANTE MIT ZUCCHINI
Dafür anstatt der Auberginen die gleiche Menge Zucchini (schön sind auch gelbe und grüne Zucchini gemischt) waschen, putzen und etwa 1 cm groß würfeln. Die Zucchiniwürfel nur 5 Min. im Olivenöl braten, dann wie oben beschrieben zubereiten.

AUBERGINE IST NICHT GLEICH AUBERGINE
Meine erste Auberginenpflanze bekam ich von einem Freund geschenkt. Sie wuchs schnell und kräftig, blühte ausdauernd und sah etwas anders aus, als die Auberginenpflanzen, die ich kannte. Eine spezielle Regionalsorte dachte ich, sicher etwas ganz Besonderes. Ich pflegte die Aubergine und ärgerte mich ein wenig, weil die Pflanzen im Garten meines Freundes schon lange kleine, aber zahlreiche Früchte trugen, die er mit Genuss verspeiste – frisch und säuerlich seien seine Auberginen, erzählte er mir. Etwas später reifte endlich auch bei mir die erste »Mini-Aubergine« – es war eine Tomatillo. Eine nahe Verwandte. Inzwischen pflanzen wir Auberginen, die wunderschön lila blühen und Früchte tragen, die aussehen und schmecken wie Auberginen vom Markt. Nur viel frischer, süßer und knackiger.

ZUTATEN für 4–6 Personen:
1,5 kg Auberginen
2 Zwiebeln
3 Knoblauchzehen
4 Zweige Rosmarin
4 Zweige Thymian
6 EL Olivenöl
Salz | Pfeffer
200 g Crème fraîche
6 Eier (M)
200 g Schafskäse (Feta)
½ Bund Basilikum
2 Sardellenfilets in Öl
6 EL Gemüsebrühe oder
  Naturjoghurt
1 TL Dijonsenf (ersatzweise
  ein anderer scharfer Senf)
800 g Tomaten
Außerdem:
Springform (26 cm Ø)
Backpapier
Butter für die Form

ZUBEREITUNGSZEIT: 40 Min.
BACKZEIT: 1 Std.
PRO PORTION (bei 6 Personen):
  ca. 455 kcal

Auberginentatar-Bruschetta

1 Auberginen waschen, putzen und möglichst klein (5–6 mm) würfeln. In einer beschichteten Pfanne ohne Fett 10 Min. bei mittlerer Hitze braten, salzen und pfeffern. Häufig umrühren, damit die Würfel von allen Seiten gebräunt werden. Auberginenwürfel in eine Schüssel umfüllen.

2 Die Zitrone heiß waschen und abtrocknen, Schale fein abreiben, Saft auspressen. Beides mit 4 EL Öl verrühren. Auberginen mit der Vinaigrette vermischen, mit Salz und Pfeffer würzen und 30 Min. marinieren lassen. Inzwischen die Haselnüsse in einer Pfanne ohne Fett bei mittlerer Hitze etwa 10 Min. rösten, dabei die Pfanne immer wieder rütteln, damit sich die Nüsse drehen und rundum bräunen. Die Nüsse auf ein Küchentuch legen und die Häutchen abreiben, Haselnüsse hacken.

3 Salbei abbrausen, trocken schütteln, Blätter in breite Streifen schneiden. In einer großen Pfanne übriges Öl erhitzen. Salbei darin bei mittlerer Hitze knusprig braten, herausnehmen, auf Küchenpapier abtropfen lassen. Die Brotscheiben im Salbeiöl auf jeder Seite in 3–4 Min. knusprig rösten. Die Auberginen auf dem Brot verteilen, mit Salbei und Haselnüssen bestreuen.

ZUTATEN für 4 Personen:
2 Auberginen (etwa 400 g)
Salz | Pfeffer
1 Bio-Zitrone
5–6 EL Olivenöl
3 EL Haselnüsse
½ Bund Salbei
12 Scheiben Weißbrot
  (z.B. Ciabatta)

ZUBEREITUNGSZEIT: 50 Min.
PRO PORTION: ca. 330 kcal

Bruschetta mit Bohnencreme

1 Bohnen in einer Schüssel mit reichlich Wasser bedecken und 12 Std. (am besten über Nacht) einweichen, dann in ein Sieb abgießen.

2 Knoblauch samt Schale leicht anquetschen, Thymian abbrausen und trocken schütteln. Bohnen, Knoblauch und die Hälfte des Thymians mit 1 l Wasser in einen Topf geben, aufkochen. Bohnen in etwa 1 Std. (je nach Sorte auch länger, siehe Tipp) bei mittlerer Hitze gar kochen. Wenn die Bohnen weich sind, salzen und noch 5 Min. kochen lassen. Bohnen in ein Sieb abgießen, Kochwasser auffangen. Thymian und Knoblauch entfernen. Bohnen mit einem Stabmixer pürieren, dabei 5–6 EL Kochwasser zugeben.

3 Vom restlichen Thymian die Blättchen abstreifen und grob hacken, die Tomaten klein schneiden. Beides mit der Bohnencreme vermischen und mit Salz und Pfeffer abschmecken. Weißbrot in einer Pfanne ohne Fett auf beiden Seiten goldbraun rösten und mit der Bohnencreme bestreichen.

ZUTATEN für 4 Personen:
200 g getrocknete Bohnen-
  kerne (z.B. Borlotti, weiße
  Bohnen, Feuerbohnen)
2 Knoblauchzehen
1 Bund Thymian | Salz
100 g in Öl eingelegte
  getrocknete Tomaten
Pfeffer
12 Scheiben Weißbrot
  (z.B. Ciabatta)

ZUBEREITUNGSZEIT: 20 Min.
EINWEICHZEIT: 12 Std.
GARZEIT: 1 Std.
PRO PORTION: ca. 345 kcal

TIPP
Die Garzeit von Bohnenkernen kann je nach Sorte stark variieren. Eine Feuerbohnensorte aus unserem Garten benötigte fast 3 Std., um wirklich weich zu werden. Falls nötig, zwischendurch noch etwas Wasser zugeben.

FENCHEL

Es war während eines Sommerurlaubs auf der Insel Elba, als wir dem Fenchel verfielen. Genauer gesagt: dem Wilden Fenchel, der neben der Terrasse des Ferienhäuschens wucherte. Hans – immer auf der Suche nach neuen Geschmacksdimensionen – schnitt ein paar der fein gefiederten Zweige ab und zauberte daraus ein Gewürzfenchelpesto (siehe Seite 197), für das ich ihn glatt noch einmal heiraten würde. Klar, dass Frau und Kind immer wieder nach diesem Pesto verlangten, nicht nur im Urlaub. Klar auch, dass wir einige Samen mitnahmen und in unserem Garten aussäten. Diese Samen hatten mit dem Ortswechsel kein Problem – jetzt ist der Wilde Fenchel von der Insel Elba, den wir natürlich viel aromatischer finden als gewöhnlichen Gewürzfenchel, eine feste Größe in unserem Garten – und auf unserem Speiseplan. Das besagte Pesto mischen wir längst nicht mehr nur unter Pasta, sondern streichen es auch auf Fisch, Fleisch oder Brot oder dippen darin Gemüse ein.

HEGEN UND PFLEGEN

Wer Gemüsefenchel haben möchte, sollte vorgezogene Jungpflanzen kaufen – die Anzucht kann langwierig sein. Fenchel mag es warm und sonnig und einen Boden voller Nährstoffe. Die Samen werden im Herbst grau. Dann Dolden abschneiden, trocknen lassen und die Körner herausklopfen. Überwintern lässt sich die Pflanze, indem man die Triebe im Herbst stark zurückschneidet und den Wurzelballen mit Reisig abdeckt. Der Gemüsefenchel wird meistens zweijährig kultiviert, im zweiten Jahr blüht er dann. Weil die Knolle des Gemüsefenchels so langsam wächst, ernten wir manchmal auch nur das frische Grün für unsere Kochereien. Wilder Fenchel oder Gewürzfenchel ist dagegen völlig unkompliziert: Er sät sich oft selbst aus, wuchert und kann bis zu zwei Meter hoch werden. Sein Kraut ist zudem viel aromatischer als das des Gemüsefenchels. Und mit seinen schirmartigen, gelben Blütenständen kann er eine richtige Augenweide sein. Die Knollen werden hier nicht verwendet.

ROTE BETE

Ein Jammer, dass die meisten Leute mit Roter Bete immer noch diese zerkochten, in Essig eingelegten Scheiben im Glas verbinden – die sind nun wirklich nicht jedermanns Geschmack. Aber Rote Bete gibt's ja auch frisch. Und mit frischer Bete können Sie in der Küche so ziemlich alles anstellen: kochen und braten, grillen und pürieren ... Die Zeit ist reif, dass die wunderbare Bete aus ihrem Schattendasein befreit wird. Schließlich hat es ihr großer Bruder Mangold – beide gehören zur Familie der Gänsefußgewächse – auch geschafft, wieder in Mode zu kommen. Noch dazu gibt es viele verschiedene Sorten, die Sie in keinem gekauften Einmachglas finden werden: rote, gelbe oder weiße, runde und zylinderförmige oder gar rot-weiß geringelte Bete. Ich fand das so inspirierend, dass ich mir bei einem guten Samenhändler übers Internet gleich verschiedene Samentütchen besorgt habe. Die kleinen Blättchen der Bete kann man übrigens wie die des Mangolds auch essen – roh im Salat oder gedünstet.

HEGEN UND PFLEGEN

Rote Beten oder Rote Rüben, wie sie auch genannt werden, sind ziemlich anspruchslos, bei tiefgründigen Böden und regelmäßigem Gießen wachsen sie aber schneller. Ab April bis etwa Juni säen wir direkt ins Beet, gut drei Zentimeter tief. Vor der Aussaat lassen wir das Saatgut ungefähr eine halbe Stunde in warmem Wasser quellen, dann klappt das Keimen meist besser. Wenn die Pflänzchen schon ein bisschen gewachsen sind, vereinzeln wir sie. Dazu die kleinsten Pflanzen herausziehen und etwa alle fünf bis zehn Zentimeter die kräftigen stehen lassen. Weil durch das Ausdünnen ihre Wurzeln beim Wachsen gestört werden, häufeln wir um die verbliebenen Rüben etwas Erde an und wässern sie. Die herausgezogenen Exemplare werden selbstverständlich noch in einem Salat weiterverwertet. Rote Bete ist zweijährig, doch im zweiten Jahr verholzt die Pflanze und bildet hohe Blütenstände. Wir ernten natürlich im ersten Jahr, wenn die Knollen jung und zart sind. Dann schmecken sie am besten.

Rote Beten oder Mangold? Das ist die schwierige Frage, die sich jedem stellt, der nicht ausreichend Platz im Gemüsegarten hat. Und wer hat den schon? Wir entscheiden uns mal so, mal so. Hat die Rote Bete gewonnen, bleibt ein Trost: Solange die Pflanzen ganz klein sind, also noch im größeren Sprossenstadium, schmecken Rote-Bete-Blätter und (rotstielige) Mangoldblätter im Salat genau gleich – und gleich gut.

Rote-Bete-Salat mit Mozzarella

ZUTATEN für 4 Personen:
400 g Rote Beten
1 Zitrone
Salz | Pfeffer
2 milde Peperoni
1 Knoblauchzehe
1 Stück Ingwer (etwa 4 cm)
1 EL Zucker
200 g Mini-Mozzarellabällchen
2 EL geröstete, gesalzene
  Erdnüsse (nach Belieben)

ZUBEREITUNGSZEIT: 30 Min.
PRO PORTION: ca. 185 kcal

1 Sollten die Roten Beten kleine Blättchen haben, diese abzupfen und beiseitelegen. Knollen waschen, schälen und fein reiben (dazu eventuell Einweghandschuhe anziehen, da Rote Bete stark färbt). Die Zitrone auspressen und den Saft über die Roten Beten gießen. Den Salat mit Salz und Pfeffer würzen, etwa 20 Min. marinieren lassen.

2 Inzwischen Peperoni halbieren, Stiele, Trennhäute und Kerne entfernen, die Hälften waschen und grob hacken. Knoblauch und Ingwer schälen und ebenfalls grob hacken. Alles mit dem Zucker in einem Mörser oder einem elektrischen Blitzhacker fein pürieren. Den Mozzarella in einem Sieb abtropfen lassen, ablaufende Molke auffangen. 2–3 EL Molke zur Gewürzpaste geben und nochmal alles pürieren, sodass eine feine Creme entsteht.

3 Rote-Bete-Salat abschmecken und auf Tellern oder in Tassen anrichten. Mozzarella auf dem Salat verteilen, mit der Gewürzcreme beträufeln. Eventuell Rote-Bete-Blättchen in Streifen schneiden und über den Salat streuen. Nach Belieben noch die Erdnüsse grob hacken und aufstreuen.

SCHMECKT GENAUSO GUT – FENCHELSALAT
Dafür 2–3 Knollen Fenchel (etwa 400 g) waschen, putzen, längs halbieren und quer in möglichst feine Streifen schneiden oder auch fein hobeln. Den Strunk müssen Sie nicht entfernen, denn erstens hält er die ganzen Blattschichten zusammen, sodass sich die Knollen leichter schneiden lassen, und zweitens schmeckt der Strunk genauso gut wie der Rest der Knolle – womöglich ist er sogar noch ein bisschen zarter. Die Fenchelstreifen wie oben beschrieben marinieren. Den fertigen Salat eventuell zusätzlich mit ein paar knusprig gebratenen Speckstreifen oder dünnen Scheiben von 1 gebratenen Enten- oder Hähnchenbrustfilet garnieren.

Nicht nur die Blüten der Feuerbohne sehen dekorativ aus, die Bohnenkerne sind ebenfalls ein echter Hingucker – bunt gemustert, oft in Rot- und Lilatönen. Eigentlich würden sie auch frisch gepflückt sehr gut schmecken, doch ich fülle unsere Ernte getrocknet in ein Glas und stelle das dann in ein Küchenregal. Es müssen schon sehr gute Freunde kommen, bis ich mich überwinde, mit diesen schönen Bohnen zu kochen. Sonst nehme ich ganz einfach andere Bohnen aus unserem Garten – mit denen dieser Salat genauso gut schmeckt.

Bohnensalat mit Minze

ZUTATEN für 4 Personen:
1 kg frische Bohnen oder
   200 g getrocknete Bohnenkerne (z. B. Feuer-, Borlotti-
   oder Flageoletbohnen)
2 Knoblauchzehen
1 Zweig Rosmarin
Salz
2–3 Tomaten
½ Bund Minze
2 EL Weißweinessig
6 EL Olivenöl
Pfeffer

ZUBEREITUNGSZEIT: 20 Min.
EINWEICHZEIT: 12 Std.
   (falls getrocknete Bohnen
   verwendet werden)
KOCHZEIT: 1 Std.
PRO PORTION: ca. 285 kcal

1   Die getrockneten Bohnen in einer Schüssel mit reichlich kaltem Wasser bedecken und 12 Std. einweichen, dann in ein Sieb abgießen. Die frischen Bohnen palen. Knoblauch samt Schale anquetschen, Rosmarin abbrausen. Alles in einen Topf geben, mit Wasser bedecken und aufkochen, salzen. Bohnen bei mittlerer Hitze in etwa 1 Std. weich kochen (siehe auch Tipp). Fertige Bohnen in ein Sieb abgießen, Knoblauch und Rosmarin entfernen.

2   Tomaten waschen und vierteln, dabei Stielansätze und Kerne entfernen. Tomatenviertel klein würfeln. Minze abbrausen und trocken schütteln, die Blättchen abzupfen und grob hacken oder in Streifen schneiden. Essig, Öl und Minze verrühren, mit Salz und Pfeffer würzen. Bohnen und Tomaten mit der Sauce mischen und den Salat servieren.

STATT BOHNENSALAT MAL PASTA MIT BOHNEN?
Dafür die Bohnen wie oben beschrieben vorbereiten und kochen, beim Abgießen aber 150 ml Kochwasser auffangen, durch ein feines Sieb oder einen Teefilter laufen lassen und beiseitestellen. 200 g glatte kurze Nudeln (z. B. Penne lisce) nach Packungsanweisung in reichlich Salzwasser bissfest kochen. 200 g Pimientos de Padrón (kleine spanische Paprikaschoten zum Braten) oder milde Peperoni waschen, trocken tupfen und in 2 EL Olivenöl bei starker Hitze 3–4 Min. anbraten. Mit dem Bohnenkochwasser ablöschen, kurz einkochen lassen. 2–3 gewürfelte Tomaten dazugeben und mit Nudeln und Bohnen mischen. Abschmecken, als lauwarme Vorspeise servieren.

TIPP
Die Garzeit von Bohnen kann je nach Sorte und nach Trocknungsgrad erstaunlich stark variieren, sogar um 1–2 Std., also entsprechend Zeit ein-planen und die Bohnen immer wieder mal probieren. Falls während des Kochens das Wasser zu wenig wird, einfach noch etwas zugeben.

KÜRBIS

Der Kürbis ist für mich der König unter den pflanzlichen Wachstumswundern: Aus einem winzigen Kern entwickelt sich diese riesige Frucht – und das in so kurzer Zeit! Wer einen Kürbiskern in die Erde steckt und ein paar Wochen wartet, versteht: Pflanzen beim Wachsen zuzusehen, kann richtig spannend sein. So ein Kürbis lässt sich bei seinem Vorhaben, größer zu werden, ja auch ungern aufhalten. Mein Exemplar damals auf dem Balkon war ein Hokkaido und in Ermangelung genügend Raums schlängelte sich bald ein Trieb aus dem Balkongeländer heraus und an der Hauswand nach unten, entlang des Abluftrohrs. Am Ende dieses Triebes prangte irgendwann der Kürbis – knallorange, zwischen unserem Stockwerk und dem darunter. Zur Ernte im Herbst schnitt ich oben auf dem Balkon den Stängel ab, während mein Mann unten im Hof stand und den fallenden Kürbis auffing. Das ist schon Jahre her, doch ich erinnere mich heute noch gerne an diese großartige Ernte.

Mittlerweile lassen wir stets einen Kürbis auf unserem Kompost wachsen – mal einen Butternut, mal einen Hokkaido oder Muskat, ganz nach Lust und Laune. Ins Gemüsebeet kommt uns keiner, da sind wir ein bisschen geizig mit dem Platz. Zumal es eine alte Tradition ist, einen Kürbis auf den Kompost zu setzen. Die hungrige Pflanze bekommt hier alle Nährstoffe, die sie braucht. Und gleichzeitig decken ihre großen Blätter den Komposthaufen ab, was diesen erstens hübscher macht und zweitens beschattet. Es gibt allerdings auch Kritiker, die diesen Brauch ablehnen. Ihr Argument: Der Kürbis entzieht dem Kompost zu viel Nährstoffe, Mineralien und Spurenelemente und mindert dadurch dessen Qualität. Nun, uns ist das egal. Wir haben auch nicht den Eindruck, dass unser Kompost minderwertiger geworden ist, seit er jeden Sommer von einer Kürbispflanze mit wunderschönen gelben Blüten verziert wird. Wenn die Pflanze noch klein ist, müssen wir allerdings sehr aufpassen, dass sie nicht von den Schnecken verzehrt wird. Die kriechen in Kompostnähe auch gerne herum.

HEGEN UND PFLEGEN

Der Gemüseriese ist pflegeleicht: im März die Samen in Töpfen mit Erde vorziehen, ab Mai raus ins Beet und dann reichlich düngen, gießen und natürlich für ausreichend Platz sorgen. Außerdem daran denken, dass der Kürbis eine Rankpflanze ist und sich seine Triebe gerne um Gitter oder Stäbe winden. Für den Balkon eignen sich natürlich nicht gerade großwachsende Sorten wie der Riesenkürbis. Ob Balkon oder Garten: Wir mögen den kleinen japanischen Hokkaido-Kürbis. Er bekommt einen Durchmesser von höchstens 20 Zentimetern, ist so schön orange und sein Fruchtfleisch schmeckt besonders aromatisch. Ein Kürbis ist reif, wenn die Schale nicht mehr glänzt, sondern matt aussieht und sich fest anfühlt. Außerdem wiegt ein reifer Kürbis für seine Größe überraschend viel, und er klingt beim Anklopfen hohl. Genauso ist es übrigens bei Melonen, mit denen der Kürbis auch verwandt ist. Nach der Ernte sollten Kürbisse in der Herbstsonne noch gut abtrocknen und nachreifen, bevor der Frost kommt. Dann halten sie sich länger.

Kurioserweise ist dieses Riesengemüse botanisch gesehen eine Beere. Per Definition haben Beeren eine Fruchthaut, die weiches Fruchtfleisch umschließt, das viele einzelne Samen enthält. Der Kürbis ist also die dickste Beere der Welt. Ursprünglich stammt der dickbauchige Gemüsegenosse aus Amerika. Nach Europa kam er erst Ende des 16. Jahrhunderts. Aber schon die Indianer liebten Kürbis. Sie verwendeten ihn bei Vergiftungen und verjagten mit ihm böse Geister. Diese Tradition setzt sich in den USA bis heute fort, wenn amerikanische Kids beim Halloween-Fest in der Nacht vom 31. Oktober zum 01. November mit beleuchteten Kürbissen ihre Nachbarn erschrecken. Nach Deutschland sind diverse US-Halloween-Rituale inzwischen auch schon herübergeschwappt. Obwohl einem das hier wie eine Marketing-Idee vorkommt, haben viele dieser Bräuche ihren Ursprung in Europa. Der All Hallows' Eve, der Allerheiligenabend, wurde einst vor allem in Irland gefeiert. Irische Einwanderer brachten ihre Bräuche mit in die USA, darunter das Irrlicht Jack-o'-lantern – einen ausgehöhlten Kürbis mit Fratze und Kerze.

Zur Kürbissauce passt ein Kürbiskernpesto – dummerweise haben die Kerne der leckeren Speisekürbisse im Garten harte Schalen. Fürs Pesto müssen wir also schalenlose Kerne im Laden kaufen. Die stammen von »steirischen Ölkürbissen«, deren Fruchtfleisch eher nicht gegessen wird. Dafür sind ihre Kürbiskerne schalenlos und sehr ölhaltig, also lecker. Fürs Pesto 1 Knoblauchzehe schälen und in dünne Scheiben schneiden. Mit 100 g Kürbiskernen in einer Pfanne ohne Fett 5 Min. rösten, dann mit 50–80 ml Kürbiskernöl cremig pürieren. Leicht salzen und zu den Kräuternocken und der Kürbissauce servieren.

Kräutermalfatti mit Kürbissauce

ZUTATEN für 4 Personen:

Für die Malfatti:
800 g Blattspinat
Salz
200 g gemischte Kräuter
   (z. B. Petersilie, Koriandergrün, Estragon, Liebstöckel)
1 Knoblauchzehe
1 Zwiebel
3 EL Butter
150 g Weißbrotbrösel (eventuell etwas mehr, ersatzweise
   Semmelbrösel)
2 EL Mehl
2 Eier (M)
Pfeffer
3 EL frisch geriebener Pecorino
   oder Parmesan
Für die Sauce:
300 g Hokkaido-Kürbis
1 Knoblauchzehe
1 Zwiebel
2 EL Butter
¼ l Gemüsebrühe
Salz | Pfeffer

ZUBEREITUNGSZEIT: 1 Std.
PRO PORTION: ca. 365 kcal

1 Für die Malfatti Spinat waschen und trocken schleudern, dicke Stiele entfernen. Einen großen Topf mit Wasser aufkochen, kräftig salzen. Den Spinat dazugeben und 2 Min. kochen lassen, in ein Sieb abgießen und abschrecken, in einem Küchentuch fest ausdrücken, in eine Schüssel geben.

2 Kräuter abbrausen und trocken schütteln, Blättchen abzupfen und grob hacken. Knoblauch und Zwiebel schälen, fein würfeln. In einer Pfanne 1 EL Butter schmelzen lassen. Darin Knoblauch und Zwiebel 2 Min. andünsten. Kräuter dazugeben, noch 1 Min. dünsten. Falls dann noch Flüssigkeit in der Pfanne sein sollte, bei starker Hitze vollständig einkochen lassen. Die Kräutermischung zum Spinat in die Schüssel geben, alles mit einem Stabmixer pürieren. Mit Brotbröseln, Mehl und Eiern mischen, salzen, pfeffern. Den Teig 10 Min. quellen lassen, dann noch einmal kurz durchkneten.

3 Inzwischen für die Sauce Kürbis waschen, entkernen und klein würfeln. Knoblauch und Zwiebel schälen, klein würfeln. In einem Topf die Butter schmelzen lassen. Kürbis, Zwiebel und Knoblauch darin 5 Min. andünsten. Mit der Brühe aufgießen und bei geringer Hitze in 10 Min. gar kochen.

4 Einen weiten Topf mit Wasser aufkochen, salzen. Mit zwei Esslöffeln aus dem Teig eine Probenocke formen und im leicht siedenden Salzwasser bei geringer Hitze in 10 Min. gar ziehen lassen. Falls die Nocke zerfällt, noch 1–2 EL Brotbrösel unter den Teig kneten. Alle Malfatti formen und garen.

5 Kürbis mit dem Stabmixer fein pürieren, Sauce mit Salz und Pfeffer abschmecken. Übrige Butter bei mittlerer Hitze aufschäumen und leicht braun werden lassen. Die Malfatti mit einem Schaumlöffel aus dem Wasser heben, kurz auf einem Küchentuch abtropfen lassen und mit der Kürbissauce auf Tellern verteilen. Mit der Butter beträufeln und dem Käse betreuen.

Zu einem regnerischen Abend am prasselnden Kaminfeuer passt nichts besser als eine feine Kürbiscreme: gemütlich und ein bisschen behäbig. Bleibt die Suppe hingegen eine Brühe mit Kürbisstückchen als Einlage, wirkt das Gericht viel sommerlicher, ohne dass sich das Rezept dabei wesentlich ändert. Hier also meine Schönwettersuppe. Und wenn es regnet: ab in den Mixer damit. Dann aber die Suppe noch mit etwas Brühe aufgießen und die Hähnchenbrustfilets separat braten, in Scheiben schneiden und mit der Kürbiscremesuppe anrichten.

Kürbis-Hühner-Suppe

ZUTATEN für 4 Personen:
1 Stück Ingwer (50 g)
1–2 Chilischoten
100 g Schalotten
400 g Hokkaido- oder
 Butternut-Kürbis
2 Hähnchenbrustfilets
 (je 200–250 g)
Salz
2 EL Öl
2 Limetten
1 Bund Koriandergrün
 oder Thai-Basilikum
4–6 EL Fischsauce

ZUBEREITUNGSZEIT: 35 Min.
PRO PORTION: ca. 225 kcal

1 Den Ingwer schälen und fein hacken. Chilischote(n) längs halbieren, Kerne und Stiele entfernen, die Hälften waschen und ebenfalls fein hacken. Schalotten schälen und in dünne Scheiben schneiden. Hokkaido waschen und entkernen, Butternut schälen und entkernen, den Kürbis klein würfeln. Die Hähnchenbrustfilets in mundgerechte Stücke schneiden.

2 Die vorbereiteten Zutaten gut vermischen und mit Salz würzen. In einem Topf das Öl erhitzen. Darin die Hähnchen-Kürbis-Mischung 5 Min. anbraten, dabei ab und zu umrühren. Mit 1,5 l Wasser auffüllen, aufkochen und 15 Min. bei geringer Hitze köcheln lassen. Dabei den aufsteigenden Schaum immer wieder mit einem Schaumlöffel abschöpfen.

3 Inzwischen den Saft der Limetten auspressen. Koriander oder Basilikum abbrausen und trocken schütteln, die Blättchen abzupfen und grob hacken. Die Suppe mit Limettensaft und Fischsauce abschmecken. In tiefen Tellern oder in Suppentassen verteilen, mit Koriander oder Basilikum bestreuen.

LUXUSVERSION

Dafür zusätzlich 200 g rohe Riesengarnelenschwänze schälen, die Rückenseiten mit einem Messer längs leicht einschneiden und die feinen, dunklen Därme vorsichtig entfernen. Das Fleisch der Garnelen fein hacken und in den Suppentellern oder -tassen verteilen. Mit der heißen Suppe aufgießen, einmal vorsichtig umrühren und servieren.

Fenchel ist die magenfreundlichste aller Gemüsesorten. Aus diesem Grund trinken zum Beispiel stillende Mütter sehr oft Fencheltee. Im »Fenchelkraut« ersetzt das feine Gemüse den Kohl oder das Sauerkraut. So wird aus einem rustikalen Klassiker für Arbeiter, die sich viel an der frischen Luft aufhalten, ein modernes Wellness-Mittagessen.

»Fenchelkraut« mit Kassler und Gnocchi

ZUTATEN für 4 Personen:
4 Knollen Fenchel (etwa
    600 g, mit Grün)
2 Äpfel
2 EL Schweine- oder
    Butterschmalz
Salz | Pfeffer
¼ l Weißwein (ersatzweise
    Gemüsebrühe)
4 Scheiben Kassler
    (je etwa 150 g)
500 g Gnocchi (aus
    dem Kühlregal)

ZUBEREITUNGSZEIT: 35 Min.
PRO PORTION: ca. 430 kcal

1 Den Fenchel waschen und putzen, dabei das Fenchelgrün abschneiden und beiseitelegen. Die Knollen längs halbieren und die Stücke quer in möglichst dünne Streifen schneiden. Die Äpfel waschen, vierteln, entkernen und in dünne Spalten schneiden.

2 Schmalz in einem großen Topf schmelzen lassen. Fenchelstreifen und Apfelspalten 5 Min. darin andünsten, mit Salz und Pfeffer würzen. Mit dem Weißwein ablöschen, die Kasslerscheiben auf das »Fenchelkraut« legen und zugedeckt 20 Min. bei mittlerer Hitze garen lassen.

3 Nach 10 Min. Garzeit in einen zweiten Topf reichlich Wasser füllen und zum Kochen bringen, salzen. Darin die Gnocchi nach Packungsangabe zubereiten. Gnocchi in ein Sieb abgießen. Kassler aus dem Topf nehmen und auf Tellern verteilen. Gnocchi mit dem »Fenchelkraut« mischen, mit Salz und Pfeffer abschmecken und auf dem Kassler anrichten. Das Fenchelgrün grob hacken und über das Gemüse streuen.

UNÜBERTROFFEN – HAUSGEMACHTE GNOCCHI
Dafür 1,2 kg ungeschälte mehlige Kartoffeln in Salzwasser in etwa 30 Min. gar kochen, abgießen und im Topf ausdampfen lassen. Kartoffeln pellen und durch eine Kartoffelpresse drücken. 1 kg abwiegen und auf Zimmertemperatur abkühlen lassen. Dann mit 1 Ei (M), 100 g Mehl, Salz und frisch geriebener Muskatnuss rasch verkneten. Kartoffelteig auf einer mit Mehl bestäubten Arbeitsfläche zügig zu fingerdicken Strängen rollen und in 2 cm große Stücke teilen. Die Gnocchi entweder so lassen oder über einen Gabelrücken abrollen, um ihnen ihre typisch italienische Form zu verleihen. Gnocchi in kochendes Salzwasser geben und die Hitze reduzieren, sodass sie mehr ziehen als kochen. Sobald die Gnocchi an die Wasseroberfläche steigen, noch 3 Min. weitergaren. Dann vorsichtig in ein Sieb abgießen und wie oben beschrieben unters Kraut mischen.

PAPRIKA UND CHILI

Obwohl die Paprika ein Lieblingsgemüse der Deutschen ist: Als Kind habe ich diese Schoten gehasst. Damals kannte ich nur spanische Treibhaus-Blockpaprika aus dem Supermarkt, abgepackt in Ampelfarben. Wenn ich die als Rohkost aß, musste ich grässlich aufstoßen. Auch Chilis mochte ich nicht, viel zu scharf waren die. Doch viele Asienreisen und Vogelaugenchilis später habe ich mich an Schärfe gewöhnt, und vor allem gibt es plötzlich wunderbare, aromatische Sorten auf dem Markt: milde Paprika wie die italienische »Cubanelle« oder die »Rote Augsburger« aus Deutschland. Oder scharfe Chilis wie die gelbe »Fatalii« aus Zentralafrika. Und viele andere Chilisorten wie die »Criolla Sella«, die vor allem aromatisch sind, gar nicht unbedingt so feurig. Inzwischen mag ich es, beim Kochen mit Aroma und Schärfe der verschiedenen Sorten herumzuexperimentieren. Davon abgesehen macht sich so ein Chilistrauch mit seinen bunten Schoten und weißen Blüten im Garten oder auf dem Balkon auch sehr hübsch.

Was eine milde Gemüsepaprika und superscharfe »Habanero«-Chili gemeinsam haben? Beide gehören botanisch zusammen mit ihren vielen Brüdern und Schwestern zur Gattung »Capsicum« und zur Familie der Nachtschattengewächse. Und wenn wir gerade bei der Botanik sind: Paprikas und Chilis sind Beeren, keine Schoten. Überhaupt gibt's eine Menge begrifflicher Verwirrung. Die hat schon bei Kolumbus angefangen, der die scharfen Früchte aus Amerika mitbrachte, das er für Indien hielt. Vermutlich nahm er auch deshalb an, dass Chilis Verwandte des schwarzen Pfeffers sind, jedenfalls gab er der Pflanze den Namen »Pimienta«. Und noch heute wird Paprika zuweilen »Spanischer Pfeffer« genannt. Grüne Paprikas und Chilis sind immer unreif. Die Endfarbe ist gelb, rot, orange oder auch mal dunkelbraun wie die ziemlich scharfe »Chocolate Habanero«. Grün werden Paprika nur aus rein wirtschaftlichen Gründen geerntet, eine Pflanze hat dann mehrere Erntezyklen. Grüne Schoten, pardon die Beeren, schmecken oft ein bisschen bitter und viele Menschen vertragen sie nicht so gut.

HEGEN UND PFLEGEN

Viele Saatgutlieferanten bieten inzwischen neben milden auch scharfe Paprika- und Chilisorten an. Das kommt natürlich der Sortenvielfalt zugute. Historische oder regionale Sorten eignen sich wunderbar für die Freilandkultur – auch für Hobbygärtner. Sie bringen zwar weniger Ertrag als spanische Treibhauspaprika, aber viel mehr Aroma. Dazu lassen sich Paprikas und Chilis völlig unkompliziert und ohne Gewächshaus anbauen. Selbst auf dem Balkon. Die Pflanzen wachsen perfekt im Topf und müssen nicht ausgegeizt werden wie Tomaten. Bei verregneten Sommern schlagen Chili und Paprika die Tomate in noch einem Punkt: Sie sind auch bei feuchter Witterung nicht anfällig für Pilzkrankheiten. Da die Pflanzen aber frostempfindlich sind, ziehen wir sie ab Februar vor und setzen sie erst im Mai ins Freiland. Am allerbesten gedeihen sie bei uns aber im Gewächshaus. Sie mögen es nämlich schön warm. Im Spätherbst pflücken wir alle Früchte ab, die Chilischoten lassen wir trocknen.

Ein besonderer Inhaltsstoff von Chili & Co. ist das für die Schärfe verantwortliche Capsaicin. Früher war jede Paprika scharf, erst Mitte des 20. Jahrhunderts züchtete man vor allem in Ungarn der heutigen Gemüsepaprika die Schärfe weg. Was gar nicht einfach war, denn das Gen für Schärfe ist ein dominantes. Capsaicin wird weder durch Kochen noch Einfrieren zerstört und ist nicht wasserlöslich. Die Faustregel »Je kleiner, desto schärfer« kommt nur ungefähr hin, denn unter den tausenden von Chilisorten sind auch zahlreiche Ausnahmen dabei. Der US-Wissenschaftler Wilbur L. Scoville hat ein Messverfahren für den Capsaicingehalt und damit den Schärfegrad von Chilis entwickelt: Nach diesem Verfahren hat die Gemüsepaprika 0 Scoville-Einheiten, dagegen die Habanero 100 000 bis 200 000. Diese Einheiten sind allerdings nur Anhaltswerte, denn wie viel Capsaicin tatsächlich in einer Frucht steckt, hängt nicht nur von der Sorte, sondern auch von der Bodenbeschaffenheit und dem Klima ab, in dem die Pflanze wächst, und zudem von der Bewässerung und der Düngung.

Rote Garten-Currypaste

1 Die Peperoni- und Chilischoten längs halbieren, Kerne und Stiele entfernen. Die Schotenhälften waschen und klein schneiden. Knoblauch und Schalotten schälen und fein würfeln. Die Kräuter abbrausen und trocken schütteln, die Blättchen abzupfen und grob hacken. Die Steinpilze mit den Fingern zerkrümeln oder ebenfalls hacken.

2 Steinpilze, Korianderkörner und die Dill- oder Fenchelsamen in einer Pfanne ohne Fett rösten, bis alles zu duften beginnt. Die Pfanne vom Herd nehmen, Schalotten und Knoblauch mit den Gewürzen vermischen und 2 Min. in der heißen Pfanne ziehen lassen.

3 Die Schalottenmischung mit Peperoni- und Chilischoten, Kräutern, Salz, Zucker und Öl cremig pürieren. Am besten geht das in einem elektrischen Blitzhacker oder in einem großen, schweren Mörser. Die Currypaste in ein Twist-off-Glas füllen und gut verschließen. Sie kann im Kühlschrank bis zu 2 Wochen aufbewahrt werden.

EINMAL GARTEN-CURRYPASTE, IMMER GARTEN-CURRYPASTE

Selbst wenn Sie Kochbücher vor allem zur Inspiration lesen und selten ein Rezept genau nachkochen – meine rote Garten-Currypaste müssen Sie einmal ausprobieren. Danach werden Sie sich fragen, warum es nicht schon immer Currys mit Zutaten aus europäischen Gärten gegeben hat. Und Sie werden vermutlich niemals wieder eine fertige Currypaste aus dem Asienladen verwenden. Wir streichen uns die Paste sogar ab und zu aufs Frischkäsebrot. Die Garten-Currypaste ist nicht so scharf wie die asiatischen; wenn Sie also ein asiatisches Curry damit kochen wollen, einfach die in den jeweiligen Rezepten angegebene Menge für Currypaste verdoppeln. Und wenn Sie es gerne besonders scharf mögen, gleich von vornherein die Chilimenge im Currypastenrezept nach Belieben erhöhen.

GEWÜRZPAPRIKAPULVER SELBST GEMACHT

Wenn Sie Gefallen daran finden, Ihre eigenen Gewürze zuzubereiten, probieren Sie auch einmal Ihr eigenes, unschlagbares Gewürzpaprikapulver. Dafür aromatische Paprikaschoten auswählen. Die Schoten vierteln, Stiele, Trennwände und Kerne entfernen, Schotenviertel waschen und trockentupfen. Einige Chilischoten (Menge nach Wunsch) längs halbieren, Stiele und Kerne entfernen, die Schotenhälften waschen und trockentupfen. Alles zusammen in einem Dörrgerät oder bei 90° im Backofen (Mitte, Ober- und Unterhitze verwenden) 10–12 Std. trocknen lassen. Getrocknete Paprika- und Chilistücke im elektrischen Blitzhacker fein pulverisieren (noch besser geht das in einem leider teuren Küchengerät namens Thermomix.)

ZUTATEN für 200 g Paste
(reicht für 3 x 4 Portionen):
6 (milde) rote Peperoni
2–4 rote Chilischoten
3 Knoblauchzehen
2 Schalotten
4 Stängel Minze, Zitronenmelisse oder Verbene
4 Zweige Thymian
5 g getrocknete Steinpilze
(etwa 1 EL)
2 EL Korianderkörner
1 EL Dill- oder Fenchelsamen
1 TL Salz
1 EL Zucker
1 EL Öl
Außerdem:
Twist-off-Glas (etwa
200 ml Inhalt)

ZUBEREITUNGSZEIT: 20 Min.
PRO PORTION: ca. 25 kcal

Gartencurry

1 Knoblauch und Zwiebeln schälen und klein würfeln. Brokkoli waschen und in Röschen teilen, den Stiel schälen und in dünne Scheiben schneiden. Aubergine waschen, putzen und 2 cm groß würfeln. Den Fenchel waschen, putzen und längs vierteln, dann quer in 5 mm dicke Scheiben schneiden.

2 Kokosmilchdose nicht schütteln! Dose vorsichtig öffnen und die dickflüssige Creme, die sich oben abgesetzt hat, mit einem Esslöffel abnehmen. Öl in einer beschichteten Pfanne oder in einem Wok erhitzen. Aubergine, Brokkoli und Fenchel darin 7–8 Min. bei starker Hitze unter Rühren braten.

3 Zwiebeln, Knoblauch, Kokoscreme und die Currypaste zum Gemüse geben und alles weitere 3 Min. braten. Mit der restlichen Kokosmilch aufgießen und das Curry 5 Min. bei mittlerer Hitze kochen lassen. Mit Salz und Pfeffer abschmecken.

4 Koriander abbrausen und trocken schütteln, die Blättchen grob hacken. Das fertige Gartencurry anrichten und mit dem Koriander bestreuen. Am besten mit Basmati- oder Duftreis servieren.

ZUTATEN für 4 Personen:
2 Knoblauchzehen
3 Zwiebeln | 500 g Brokkoli
1 Aubergine | 1 Knolle Fenchel
400 ml Kokosmilch | 2 EL Öl
3 EL rote Garten-Currypaste
(siehe links, ersatzweise
1 ½ EL rote Currypaste aus
dem Asienladen)
Salz | Pfeffer
1 Bund Koriandergrün

ZUBEREITUNGSZEIT: 30 Min.
PRO PORTION: ca. 295 kcal

Lammcurry

1 Das Lammfleisch 3 cm groß würfeln, dabei alle Sehnen und zu dicke Fettstücke wegschneiden. Die Fleischwürfel mit der Currypaste mischen und etwa 1 Std. zugedeckt im Kühlschrank marinieren lassen.

2 Den Ingwer schälen und fein hacken. Knoblauch und Zwiebeln schälen und klein würfeln. Die Tomaten waschen und grob würfeln, dabei die Stielansätze entfernen.

3 Öl in einem Topf oder Wok erhitzen. Ingwer, Zwiebeln und Knoblauch darin anbraten, bis alles leicht gebräunt ist. Das Fleisch dazugeben und bei mittlerer Hitze 10 Min. braten, dabei gelegentlich umrühren. Die Tomaten dazugeben, mit Salz und Pfeffer würzen und das Curry zugedeckt bei geringer Hitze 50 Min. schmoren lassen. Ab und zu umrühren.

4 Am Ende der Schmorzeit Basilikumblättchen abzupfen und in Stücke reißen. Nüsse grob hacken und in einer Pfanne ohne Fett rösten, bis sie duften. Basilikum mit dem Lammcurry mischen, mit Salz und Pfeffer abschmecken. Lammcurry auf Teller verteilen und mit den Nüssen bestreuen.

ZUTATEN für 4 Personen:
600 g Lammfleisch (Keule)
3–4 EL rote Garten-Currypaste
(siehe links)
1 Stück Ingwer (etwa 2 cm)
4 Knoblauchzehen
3 Zwiebeln | 500 g Tomaten
3 EL Öl | Salz | Pfeffer
1 Bund Basilikum
2 EL Cashewnüsse

ZUBEREITUNGSZEIT: 20 Min.
MARINIERZEIT: 1 Std.
SCHMORZEIT: 50 Min.
PRO PORTION: ca. 375 kcal

Es gibt zwei Arten von Gratins: Die langsamen werden bei etwa 200° im Backofen gegart und bilden dabei ganz allmählich eine braune Kruste. Unser Fenchelgratin gehört aber zu den schnellen Gratins. Die sind schon fast gar, bevor Sie sie unter dem glühenden Ofen-grill nur noch wenige Minuten überbacken. In der Zeit die Küche bitte nicht verlassen, keinerlei Telefonanrufe entgegennehmen und die Türklingel ignorieren – die Zeitspanne zwischen »Hellbraun« und »Schwarz« ist kurz.

Fenchelgratin mit Champignons

ZUTATEN für 4 Personen:
3 Knollen Fenchel (mit Grün, etwa 800 g)
400 g Champignons (auch fein: Egerlinge oder Pfifferlinge)
2 EL Butter
Salz | Pfeffer
2 TL Fenchelsamen
200 ml Weißwein (ersatzweise Gemüsebrühe)
150 g Crème fraîche
100 g Hartkäse (z. B. Allgäuer Bergkäse)
½ Bund glatte Petersilie
50 g Weißbrotbrösel
2 EL Olivenöl
Außerdem:
Auflaufform (etwa 20 x 30 cm) oder ofenfeste Portionsförm-chen (etwa 12 cm Ø)

ZUBEREITUNGSZEIT: 40 Min.
PRO PORTION: ca. 455 kcal

1 Backofen auf 200° (Umluft 180°) vorheizen. Fenchel waschen und putzen, Fenchelgrün abschneiden, beiseitelegen. Knollen längs halbieren und quer in dünne Scheiben schneiden. Pilze putzen, in dünne Scheiben schneiden.

2 In einer großen beschichteten Pfanne die Butter schmelzen lassen. Darin den Fenchel und die Pilze 5 Min. anbraten. Mit Salz, Pfeffer und Fenchelsamen würzen. Mit Weißwein ablöschen und 5 Min. bei mittlerer Hitze einkochen lassen, bis die Flüssigkeit fast vollständig verdampft ist.

3 Crème fraîche unter den Fenchel und die Pilze mischen, mit Salz und Pfeffer abschmecken und in die Auflaufform oder die Portionsförmchen schichten. Im Ofen (Mitte) 15 Min. backen. Währenddessen den Käse fein reiben. Die Petersilie abbrausen und trocken schütteln, die Blättchen ab-zupfen und fein hacken. Beides mit den Brotbröseln und dem Olivenöl mischen. Mit Salz und Pfeffer würzen.

4 Den Ofen auf Grillfunktion umstellen. Kräuterbrösel auf Fenchel und Pilzen verteilen und in etwa 3 Min. goldbraun überbacken. Gratin(s) kurz ruhen lassen, Fenchelgrün hacken und darüberstreuen. Servieren.

EINMAL PROBIERT, FÜR IMMER VERFÜHRT – FENCHELPESTO
Wenn Sie Ihren eigenen Fenchel im Garten ernten, wächst an der Knolle meist reichlich Fenchelgrün. Das eignet sich perfekt für unser Lieblings-pesto: 1 große Handvoll Fenchelgrün (oder Gewürzfenchel oder Wilder Fenchel) und ½ Knoblauchzehe grob hacken. 3 EL Pinienkerne in einer Pfanne ohne Fett hell rösten. Alles mit ½ TL Salz, 2 EL frisch geriebenem Bergkäse und 5 EL Olivenöl in einem elektrischen Blitzhacker ganz fein pürieren. Wie Basilikumpesto für Nudelsaucen, zum Verfeinern von Reis-gerichten oder als Grilldip verwenden.

Meine Zwiebeln erreichen nicht immer die gewünschte Größe für dieses Rezept. Falls ihre auch einmal kleiner sein sollten, ist das eigentlich kein Problem. Ob groß oder klein, ob rot, weiß oder braun: Alle Zwiebeln können Sie füllen und überbacken. Verwenden Sie von den kleinen Zwiebeln einfach entsprechend mehr – die Garzeit wird etwas kürzer, die Arbeitszeit leider etwas länger. Dafür sind gefüllte, kleine Zwiebeln besonders hübsch.

Gefüllte Zwiebeln

ZUTATEN für 4 Personen:
8 Zwiebeln (je etwa 150 g)
800 g vorwiegend fest-
    kochende Kartoffeln
2 Knoblauchzehen
3 EL Olivenöl
Salz | Pfeffer
½ Bund Thymian
4 Stängel Oregano
1 EL Zucker
200 ml Rotwein (ersatzweise
    150 ml Gemüsebrühe + 3 EL
    Aceto balsamico)
3 EL Aceto balsamico
2 EL kalte Butter

ZUBEREITUNGSZEIT: 40 Min.
BACKZEIT: 45 Min.
PRO PORTION: ca. 350 kcal

1 Den Backofen auf 170° (Umluft 150°) vorheizen. Die Zwiebelwurzeln entfernen, die Zwiebeln quer halbieren, nicht schälen. Kartoffeln schälen, waschen und grob würfeln. Knoblauchzehen samt Schale leicht anquetschen. Ein Backblech mit 2 EL Olivenöl einpinseln. Zwiebeln, Kartoffeln und den Knoblauch darauf verteilen, mit Salz und Pfeffer würzen. Im Ofen (Mitte) etwa 45 Min. backen, dabei gelegentlich wenden.

2 Den Ofen auf Grillfunktion umstellen. Blech aus dem Ofen nehmen, Gemüse etwas abkühlen lassen. Kräuter abbrausen und trocken schütteln, die Blättchen abzupfen und hacken. Das Knoblauchfleisch aus den Schalen drücken und mit den Kartoffeln in eine Schüssel geben. Mit einer Gabel zerdrücken, mit den Kräutern mischen, mit Salz und Pfeffer abschmecken.

3 Mit einem Teelöffel das Innere der Zwiebeln so herauslösen, dass ein 1 cm dicker Rand stehen bleibt. Zwiebelinneres hacken und beiseitestellen. Die Kartoffelmasse in die Zwiebelhälften füllen, Zwiebeln aufs Blech legen.

4 Übriges Öl in einer Pfanne erhitzen. Gehackte Zwiebeln darin 3 Min. anbraten. Mit Zucker mischen und karamellisieren lassen. Mit Wein und Essig ablöschen, bei mittlerer Hitze um die Hälfte einkochen lassen. Inzwischen die gefüllten Zwiebeln im Ofen (Mitte) in 3–5 Min. goldbraun gratinieren. Zwiebelsauce vom Herd nehmen, die Butter in Würfeln mit einem Schneebesen einrühren, salzen und pfeffern. Zwiebeln mit der Sauce anrichten.

DAZU PASSEN: KURZGEBRATENE RINDERKOTELETTS
Dafür 2 große Rinderkoteletts (je etwa 700 g) mit Salz und Pfeffer würzen. In einer Pfanne 2 EL Olivenöl erhitzen. Darin die Koteletts bei mittlerer Hitze etwa 18 Min. braten, dabei einmal wenden. Koteletts aus der Pfanne nehmen, 5 Min. ruhen lassen. Ausgetretenen Fleischsaft in die Zwiebelsauce geben. Fleisch vom Knochen lösen, in Scheiben schneiden und mit flockigem Meersalz (z. B. Fleur de Sel) bestreuen, mit Zwiebeln und Sauce servieren.

ZWIEBELN

Seit Menschengedenken essen wir Zwiebeln. Kein Wunder: Sie sind leicht anzubauen, lassen sich gut lagern und bleiben dabei saftig. Von den hunderten Zwiebelsorten mögen wir ganz besonders die roten Zwiebeln. Ab Ende März setzen wir Steckzwiebeln an einer sonnigen Stelle in lockeren, wasserdurchlässigen Boden. Und wir düngen nur vorsichtig. Zu viel Stickstoff macht Zwiebeln zwar groß, sie halten aber nur kurz und riechen schnell muffig. In der Wachstumsphase am besten um die Zwiebeln herum regelmäßig Unkraut jäten, damit sich die Zwiebeln schön kräftig entwickeln. Wenn im Spätsommer die grünen Röhrenblätter zu welken beginnen, sind die Zwiebeln erntereif. Die Röhren dann am Ansatz umknicken und auf der Erde liegen lassen, bis sie ganz absterben. Jetzt holt man die Zwiebeln vorsichtig aus der Erde und lässt sie zum Trocknen noch einige Tage auf dem Beet liegen. Je gründlicher Zwiebeln getrocknet sind, desto besser lassen sie sich lagern.

LAUCHZWIEBELN

Die Lauchzwiebel heißt auch Frühlings- oder Winterzwiebel – je nachdem wann sie geerntet wird. Aus den Küchen Asiens sind Lauchzwiebeln nicht wegzudenken. Dort werden sie meistens als zweite Kultur nach Reis angebaut. Wir säen sie vor allem im Frühjahr und im Sommer aus. Manche Sorten sind winterhart und liefern im Frühjahr das erste Zwiebelgrün, noch vor Schnittlauch. In erster Linie verwendet man die hellgrünen, röhrenartigen Blätter. Die sind sehr vielseitig, weil sie frisch schmecken und etwas milder als Zwiebel, Lauch & Co. Ich mag sie auch gerne roh, ganz fein geschnitten zu Pellkartoffeln, im Kräuterquark oder auf einem Käsebrot. Man sät Lauchzwiebeln grundsätzlich direkt ins Freie – locker und in Rillen. Sie müssen regelmäßig ausgedünnt werden, bis sie in einem Abstand von etwa drei Zentimetern stehen. Dann feucht halten. Lauchzwiebeln wachsen ziemlich schnell. Wir säen alle paar Wochen zwei bis drei neue Rillen und können dann den ganzen Sommer und Herbst lang ernten.

KNOBLAUCH

Auch Knoblauch ist ein Saisongemüse! Nach Monaten im Keller kann man ihn zwar noch verwenden, doch hat er dann viele seiner aromatischen Inhaltsstoffe zu müffelnden Schwefelverbindungen verstoffwechselt. Frischer Knoblauch ist der beste. Wir stecken die Zehen im Herbst zwischen Rosen, Erdbeeren und Möhren – der Knoblauchgeruch hält Schädlinge von ihnen fern. Diese Wirkung haben auch Zwiebel, Lauch und Lauchzwiebel. Frischen Knoblauch ernten wir im darauffolgenden Sommer. Am besten rodet man bei trockener Witterung und lässt die Knollen ein paar Tage zum Trocknen auf dem Beet liegen. Blüht Knoblauch, bildet er meistens viele kleine Brutzwiebeln. Diese Brutzwiebeln kann man von der Pflanze lösen, auf einem gelockerten Beet ausstreuen und leicht andrücken – bis zum Frühsommer des Folgejahres haben sich haselnussgroße Jungzwiebeln entwickelt, die man schon ernten kann. Sie schmecken so knackig und scharf wie die Zehen einer ganzen Knolle.

LAUCH

Lauch oder Porree steht auf meiner Gemüse-Hitliste weit oben: Er schmeckt fein und ist superschnell und einfach zuzubereiten. Einer meiner Schnelle-Küche-Klassiker: Lauch waschen, putzen und schnippeln, mit Gewürzen in der Pfanne dünsten, ein paar Eier daruntermischen – fertig! Seit wir Lauch im Garten ziehen, bin ich auch ganz verliebt in seine Blüten. Manchmal lassen wir ein paar Stangen Lauch stehen, damit er diese schönen, kugeligen, weißen oder zartgrünen Dolden bildet. Es gibt auch Zierlauch, dessen riesige violette Blütenkugeln im Garten ein echter Knaller sind. Wir setzen meistens vorgezogene Jungpflanzen von Mitte April bis Mitte Mai etwa 15 Zentimeter tief – damit die Schäfte schön zart und weiß werden – in mit Kompost angereicherter Erde ein. Lauch hat es gerne gehaltvoll, wir düngen später noch ein- oder zweimal nach. Der Boden sollte besonders locker und durchlässig sein. Es gibt auch Herbst- und Wintersorten, die man im Juni und August pflanzt.

Auf dem Drehspieß wird ein Hähnchen fast von selbst außen knusprig und innen saftig. Das kann man zum Beispiel jedes Jahr im Herbst auf dem Münchner Oktoberfest voller Neid beobachten und probieren. Ohne Drehspieß ist es nämlich gar nicht so leicht, ein Hähnchen im Ganzen perfekt zu braten – mit meiner etwas ungewöhnlichen Methode klappt es jedoch immer. Und eine feine Brühe für Risotti oder Suppen fällt auch noch dabei ab.

Ernte-Dank-Huhn mit Kürbisfüllung und Preiselbeersauce

ZUTATEN für 4 Personen:

Für das Huhn:
500 g Kürbis (z. B. Hokkaido-
  oder Butternut-Kürbis)
1 Poularde oder Maispoularde
  (das ist ein Masthähnchen
  mit etwa 1,5 kg)
2 Zweige Rosmarin
1 Knolle Knoblauch
Salz
2 EL getrocknete Steinpilze
Pfeffer
2–3 EL Butterschmalz
Für die Sauce:
¼ l Hühnerbrühe (von der
  frisch gegarten Poularde,
  siehe oben)
200 g brauner Zucker
1 Zimtstange
350 g Preiselbeeren
1 Bio-Orange
Außerdem:
Rouladennadeln oder
  Holzspießchen

ZUBEREITUNGSZEIT: 1 Std.
ABKÜHLZEIT: 1 Std.
PRO PORTION: ca. 820 kcal

1 Für das Huhn den Hokkaido waschen und entkernen, den Butternut schälen und entkernen. Den Kürbis in 3 cm dicke Spalten schneiden. Die Poularde von den Innereien befreien – falls noch welche in ihr stecken. Rosmarin abbrausen und trocken schütteln. 2 Knoblauchzehen von der Knolle lösen und für die Füllung beiseitelegen, den Rest der Knolle quer halbieren.

2 In einem großen Topf 5 l Wasser mit 40 g Salz aufkochen. Poularde, Kürbis, Rosmarin, Knoblauchhälften und die Pilze ins Wasser geben. Aufkochen und 5 Min. kochen lassen, dann den Topf vom Herd nehmen. Die Kürbisspalten mit einem Schaumlöffel aus der Brühe nehmen, beiseitestellen. Die Poularde in der Brühe zugedeckt in etwa 1 Std. bis auf 60° abkühlen lassen – das ist gerade erträglich, wenn man den Finger kurz hineinhält.

3 Einen kleinen Bräter im Ofen auf 200° (unten, Umluft 180°) vorheizen. Huhn aus der Brühe nehmen und abtropfen lassen. ¼ l Brühe abmessen, den Rest einfrieren und für andere Gerichte verwenden. Beiseitegelegte Knoblauchzehen schälen und fein hacken. Kürbis in 1 cm dicke Stücke schneiden, mit Knoblauch, Salz und Pfeffer würzen. Kürbis in die Poularde füllen, die Öffnung mit Rouladennadeln oder Holzspießchen verschließen. Schmalz im Bräter schmelzen lassen, Poularde dazugeben und im Ofen in 20 Min. rundum knusprig braun braten, dabei immer wieder drehen.

4 Inzwischen für die Sauce die abgemessene Hühnerbrühe mit Zucker, Zimtstange und Preiselbeeren in einen Topf geben. Orange heiß waschen und abtrocknen, die Schale fein abreiben und den Saft auspressen, beides zu den Preiselbeeren geben. Die Beeren bei mittlerer Hitze 15–20 Min. kochen, bis die meisten Beeren geplatzt sind. Das Huhn samt Füllung in Stücke zerteilen und mit der Preiselbeersauce servieren.

Zwei Teige für einen Kuchen? Ich gebe zu, es gibt Zwetschgenkuchen, die etwas schneller gebacken sind. Zwar kombinieren Konditoren gerne knusprigen Mürbeteig mit saftigem Rührteig oder Biskuit, aber die haben Lehrlinge, die für sie die Teige machen. Probieren Sie den Kuchen trotzdem unbedingt aus! Frisch geknetet und gerührt, mit aromatischen reifen Zwetschgen gebacken, lauwarm serviert – Sie werden sehen, es lohnt sich.

ZUTATEN für 1 Kuchen
(12 Stück):
3 Eier (M) | 80 g weißer Zucker
280 g Mehl (+ etwas mehr
zum Arbeiten)
200 g kalte Butter | Salz
1 Pck. Vanillezucker
800 g Zwetschgen
100 g Marzipanrohmasse
150 g brauner Zucker
½ TL Kardamompulver
1 TL gemahlener Zimt
Außerdem:
Springform (26 cm Ø)
Backpapier | Hülsenfrüchte

ZUBEREITUNGSZEIT: 45 Min.
KÜHL-/BACKZEIT: 1 Std. 30 Min.
PRO STÜCK: ca. 380 kcal

Zwetschgenkuchen mit Mandelcreme

1 Die Eier trennen. Weißen Zucker, 180 g Mehl, 100 g Butter in Würfeln, 1 Prise Salz, Vanillezucker und 1 Eigelb mit den Händen zuerst zu Krümeln verreiben, dann zügig zu einem Mürbeteig verkneten. Teig in Folie wickeln, etwa 30 Min. im Kühlschrank ruhen lassen.

2 Den Backofen auf 200° (Umluft 180°) vorheizen, die Springform mit Backpapier auskleiden. Den Teig auf einer mit Mehl bestäubten Arbeitsfläche dünn zu einem Kreis (30 cm Ø) ausrollen. Teigkreis in die Form legen und einen Rand formen. Den Teigboden mit einer Gabel mehrmals einstechen und mit einem Stück Backpapier belegen, mit Hülsenfrüchten beschweren. Den Teigboden im Ofen (Mitte) in etwa 15 Min. hellbraun vorbacken, aus dem Ofen nehmen und vollständig auskühlen lassen. Das Backpapier und die Hülsenfrüchte entfernen. Die Ofentemperatur auf 180° (Umluft 160°) zurückschalten.

3 In der Zwischenzeit die Zwetschgen waschen, halbieren und entsteinen. Die übrige Butter in einem kleinen Topf erwärmen. Das Marzipan in kleine Stücke zupfen und mit der Butter, der Hälfte des braunen Zuckers und den Gewürzen mit den Quirlen des Handrührgeräts cremig schlagen. Restliche Eigelbe nacheinander unter die Buttermasse rühren. Eiweiße mit 1 Prise Salz und dem übrigen braunen Zucker steif schlagen. Einen großen Löffel Eischnee mit dem restlichen Mehl unter die Buttermasse rühren, dann den übrigen Eischnee vorsichtig unterheben.

4 Die Mandelmasse auf dem Teigboden verstreichen, die Zwetschgen auf der Mandelmasse verteilen. Kuchen im Ofen (Mitte) etwa 45 Min. backen. Den Zwetschgenkuchen aus dem Ofen nehmen, den Rand der Springform entfernen und den Kuchen vollständig auskühlen lassen. Sehr gut passt dazu geschlagene Sahne, eventuell mit etwas Vanillezucker verfeinert.

In einem Topf auf dem Herd wird aus Apfelstücken, etwas Flüssigkeit und ein paar feinen Gewürzen ziemlich schnell ein Apfelmus – das ist auch schön, schmeckt gut und Sie können dieses Rezept dafür verwenden. Im Ofen gegart bleiben die Apfelspalten jedoch ganz und bekommen eine sehr angenehm zarte und gleichzeitig stabile Konsistenz. Verschlossen hält sich das Kompott bis zur nächsten Ernte, angebrochene Gläser müssen in den Kühlschrank.

ZUTATEN für 4 Gläser:
1 Bio-Orange
1 Bio-Zitrone
½ l Apfelwein oder Cidre
  (ersatzweise Apfelsaft)
150 g Zucker
1 Sternanis
2 Zimtstangen
2 kg Äpfel
Außerdem:
ofenfeste Form
Alufolie
4 Twist-off-Gläser (jeweils
  ½ l Inhalt)

ZUBEREITUNGSZEIT: 25 Min.
GARZEIT: 30 Min.
PRO GLAS: ca. 400 kcal

Apfelkompott aus dem Backofen

1 Die Orange und die Zitrone heiß waschen und abtrocknen, von beiden Früchten die Schale so dünn abschälen, dass die weiße Haut darunter nicht mit entfernt wird. Orangen- und Zitronensaft auspressen. Apfelwein oder Cidre mit Zitrussaft und -schale, Zucker und den Gewürzen (Zimt vorher in Stücke brechen) aufkochen, bis sich der Zucker gelöst hat.

2 Backofen auf 160° (nur Ober- und Unterhitze verwenden) vorheizen. Die Äpfel schälen, vierteln und entkernen, jedes Apfelviertel in 2–3 Spalten schneiden. Apfelspalten eng in die ofenfeste Form schichten und mit dem Gewürzsirup begießen. Die Form mit Alufolie zudecken und in den Ofen (Mitte) schieben, die Äpfel 30 Min. garen.

3 Form aus dem Ofen nehmen und Inhalt in ein Sieb gießen, ablaufenden Sirup auffangen und in einen Topf füllen, erhitzen. Die Apfelspalten (samt Zitrusschalen und Gewürzen) in die gut gesäuberten Gläser schichten. Den Sirup kurz aufkochen und in die Gläser gießen. Sofort verschließen.

LUXUSVERSION MIT GEWÜRZ-NUSS-KROKANT
Dafür 200 ml Wasser mit 2 Nelken, 2 Zimtstangen, 1 TL Pimentkörnern, 1 Sternanis und 1 TL grünen Kardamomkapseln auf 4 EL einkochen. Das Gewürzwasser durch ein Sieb gießen, mit 150 g Zucker aufkochen und bei mittlerer Hitze goldbraun karamellisieren lassen. 150 g fein gehackte Walnüsse untermischen und alles 2 Min. unter ständigem Rühren weiter karamellisieren. Nusskrokant auf ein Stück Backpapier gießen und mit einem zweiten Stück Backpapier abdecken. Mit einem Nudelholz den warmen Krokant so dünn wie möglich ausrollen. Das Backpapier abziehen. Krokant in Streifen schneiden, so lange er noch warm ist, oder den kalten Krokant in unregelmäßige Stücke brechen. 200 g Sahne steif schlagen und mit dem Apfelkompott und dem Nusskrokant auf Tellern anrichten.

Die wunderbare Vielfalt der Quittensorten hat einen kleinen Nachteil: unterschiedliche Garzeiten. Im Handel gibt es bei uns in den letzten Jahren vor allem Quitten der türkischen Sorte »Esme«, die garen schnell. Mit Butter gebraten werden Esme-Scheiben oder -Würfel sogar in der Pfanne in etwa 5 Min. bissfest. Manch alte Quittensorte aus dem Hausgarten braucht allerdings wesentlich länger – bei diesem Gratin spielt das aber kaum eine Rolle.

ZUTATEN für 4 Personen:
1 Zitrone
1 Stück Ingwer (etwa 3 cm)
600 g Quitten
4 EL Butter
100 ml Weißwein (ersatzweise
  Apfel- oder Quittensaft)
300 g Sahne
120 g brauner Zucker
Außerdem:
ofenfeste Portionsförmchen
  (etwa 12 cm Ø)

ZUBEREITUNGSZEIT: 20 Min.
BACKZEIT: 40 Min.
PRO PORTION: ca. 505 kcal

Quittengratin mit Ingwer

1 Den Backofen auf 200° vorheizen. Den Zitronensaft auspressen. Den Ingwer schälen und fein hacken. Mit einem Küchentuch den Flaum von den Quitten abreiben. Quitten waschen, vierteln, Kerngehäuse entfernen und die Viertel in 5 mm dicke Scheiben oder Spalten schneiden. Mit dem Zitronensaft und dem Ingwer mischen.

2 In einem Topf 2 EL Butter schmelzen lassen. Darin die Quitten unter Rühren bei mittlerer Hitze 2–3 Min. andünsten. Mit Weißwein ablöschen und alles etwa 5 Min. kochen lassen, bis der Wein vollständig verdunstet ist und die Quitten nicht mehr ganz hart sind.

3 Die Förmchen mit der restlichen Butter einfetten. Quitten in die Förmchen schichten, mit der Hälfte der Sahne begießen und mit der Hälfte des Zuckers bestreuen. Quitten im Ofen (Mitte, Umluft 180°) 20 Min. backen, dann mit der restlichen Sahne begießen, mit übrigem Zucker bestreuen und in 20 Min. fertig backen. Aus dem Ofen nehmen und warm servieren.

NICHT NUR FÜRS FRÜHSTÜCKSBROT – QUITTENGELEE

Es gibt Quittensorten, die so viele Kernzellen enthalten, dass die Früchte auch nach langer Kochzeit nicht ganz weich werden – die eignen sich dann weniger fürs Gratin, dafür schmecken sie oft als Gelee besonders gut: 2 kg Quitten mit einem Tuch abreiben, waschen, Stiele und Blüten entfernen. Die Früchte mit den Schalen und Kerngehäusen grob würfeln – das geht am besten mit einem großen Brotmesser. Mit dem Saft von 2 Zitronen und 1,5 l Wasser in einen großen Topf geben, aufkochen und etwa 1 Std. lang kochen lassen. Alles in ein Sieb gießen, das mit einem Mull- oder Küchentuch ausgelegt wurde, ablaufenden Saft auffangen. Auskühlen lassen. 1 l Saft abmessen, mit 500 g Gelierzucker (2 plus 1) unter Rühren aufkochen und dann nach Packungsanweisung zu einem Gelee kochen. Heißes Gelee in gründlich gesäuberte Twist-off-Gläser füllen und sofort verschließen.

Das Geheimnis knuspriger Teighüllen ist Einfachheit: Sahne, Milch und Eier lassen den Teig nach dem Ausbacken weich werden. Wirklich knusprige Tempura oder auch Kücherl gibt es nur mit einem Teig aus Wasser und Mehl, 1 Prise Zucker und etwas Hefe dürfen auch noch hinein. Deshalb werden fertige Tempura-Mixe aus dem Asienladen nur mit Wasser angerührt. Dabei gilt: Je kälter das Wasser ist, desto zarter wird der Teig.

ZUTATEN für 4 Personen:
½ Würfel Hefe (20 g)
150 g Mehl
1 EL Zucker
1 Prise Salz
4 vollreife Birnen
1–2 TL Bancha Matcha (japanisches Grünteepulver aus dem Tee- oder Bioladen, ersatzweise 1 Msp. gemahlener Zimt)
200 g Naturjoghurt
3 EL Honig
Puderzucker zum Bestäuben
Außerdem:
1 kg Frittierfett

ZUBEREITUNGZEIT: 25 Min.
RUHEZEIT: 20 Min.
PRO PORTION: ca. 395 kcal

Knusprige Birnentempura mit Tee-Honig-Sauce

1 Die Hefe in ¼ l lauwarmes Wasser krümeln und verrühren, bis sich die Hefe aufgelöst hat. Dann mit Mehl, Zucker und Salz mit den Quirlen des Handrührgeräts zu einem glatten Teig verrühren. Zugedeckt 20 Min. an einem warmen Ort gehen lassen.

2 Das Frittierfett in einem weiten Topf oder in einer Fritteuse auf 170° erhitzen – wenn Sie einen hölzernen Kochlöffel in das Fett halten, steigen bei der richtigen Temperatur sofort Bläschen auf.

3 Inzwischen Birnen waschen, vierteln und das Kerngehäuse entfernen. Birnenviertel in dünne Spalten schneiden. Bancha Matcha mit dem Joghurt und dem Honig glatt verrühren.

4 Birnenspalten nacheinander durch den Teig ziehen und im heißen Fett in etwa 3 Min. knusprig braun ausbacken. Die Spalten mit einem Schaumlöffel aus den Fett heben, auf Küchenpapier abtropfen lassen. Birnentempura mit Puderzucker bestäuben und mit der Tee-Honig-Sauce anrichten.

DAZU PASST: SCHNELLES QUITTENEIS
Dafür 200 g Quitten wie links beschrieben vorbereiten. Die Spalten oder Scheiben grob würfeln und mit 3 EL Zucker in einen kleinen Topf geben, knapp mit Wasser bedecken und zugedeckt weich dünsten. Das dauert etwa 15 Min., falls nötig zwischendurch noch etwas Wasser dazugeben. Die Quittenwürfel in einer Küchenmaschine mit Schneideeinsatz pürieren, 400 g fertiges Vanilleeis dazugeben, beides kurz vermengen. Nach Belieben mit etwas Quittenbrand oder Aprikosengeist abschmecken. Das Eis noch mal kurz anfrieren lassen, dann statt der Tee-Honig-Sauce zu den Tempura servieren. Schmeckt auch zum Quittengratin (siehe links).

ÄPFEL

Wir haben drei Apfelbäume im Garten: zwei alte Klaräpfel, die früh reif sind und die wir zu Kompott kochen, und einen Jonagold, der im Spätherbst reife Früchte trägt. Der Apfel ist in unseren Breitengraden die am häufigsten kultivierte Frucht. Doch konventionell angebaute Äpfel werden oft bis zu zwanzig mal gespritzt, unreif geerntet und weit transportiert. Also lieber heimische Äpfeln aus umweltschonendem Anbau kaufen. Noch besser, man hat einen Apfelbaum im Garten. Oder zwei, denn für die Befruchtung braucht ein Apfelbaum einen Nachbarn aus derselben oder einer ähnlichen Gruppe. Ohne Befruchtung keine Äpfel. Apfelsorten werden nach ihrer Blütezeit in Gruppen eingeteilt: Gruppe 1 blüht am frühesten, Gruppe 7 am spätesten. Damit Insekten Bäume bestäuben können, müssen sie gleichzeitig blühen. Also ist es am wahrscheinlichsten, dass Bäume derselben Gruppe bestäubt werden. Ebenso wichtig für eine reiche Ernte: Bäume regelmäßig beschneiden und auslichten. Das gilt für alle Obstbäume.

BIRNEN

Sie ist superempfindlich, aber so saftig, so süß – die Birne. Schon bei Kleinkindern gehört sie zum bevorzugten Obst. Aufgrund ihrer Druckempfindlichkeit werden Birnen meistens »pflückreif« geerntet, also noch leicht grünlich und mit festem Fruchtfleisch. Dann wandern sie bis zum Verkauf ins Kühllager, so bleibt ihr Fruchtfleisch erst mal, wie es ist. Aber manchmal schmecken die Birnen dann auch grünlich. Wichtig zu wissen: Birnen reifen von innen heraus, das Fleisch unter der Schale wird zuletzt weich. Deshalb ist die Schale oft ziemlich zäh, auch wenn die Frucht schon reif ist. Ich beiße nie direkt in eine Birne, sondern schneide sie zuerst in Schnitze. Dann ist der Genuss perfekt. Wie der Apfel braucht die Birne nährstoffreichen Boden, liebt es aber etwas wärmer. Deshalb ist eine Birne als Spalierbaum ideal: Der Baum steht geschützt, die Früchte reifen besser. Die berühmteste Birnensorte ist sicher die englische »Williams Christ«, die sich auch gut zum Kochen eignet.

PFLAUMEN

Leider haben wir keinen Pflaumenbaum. Aber auf unseren Zwetschgenkuchen im Herbst müssen wir natürlich trotzdem nicht verzichten. Zumal Hans das weltbeste Rezept hat (siehe Seite 208). Die kugel- bis eiförmigen Pflaumen haben gelblichgrünes oder rötlichblaues Fruchtfleisch. Zusammen mit Mirabellen und Renekloden gehören sie zur Familie der Steinfrüchte. Genauso wie Zwetschgen, die kleiner sind als Pflaumen, eiförmiger, mit fast schwarzblauer Schale und gelbem Fruchtfleisch. Pflaumenbäume mögen einen sandigen bis lehmigen Boden. Der Baum wächst rasch und bringt eine reiche Ernte. Manchmal werden sogar viel zu viel Früchte gebildet: Das kann den Baum so erschöpfen, dass er im Folgejahr nicht trägt. Außerdem haben zu viele Früchte an einem Ast manchmal so ein Gewicht, dass der bricht. Also, auch wenn's schwer fällt: Im Sommer die Früchte ausdünnen, sodass nur alle fünf Zentimeter eine Pflaume hängen bleibt – zumindest so lange der Baum noch nicht zu groß dafür ist.

QUITTEN

Der Duft von Quitten ist einfach betörend! Wunderbar also, dass in unserem Garten ein alter Quittenbaum steht. Im Frühjahr ist er mit seinen weißen Blüten eine Pracht. Wie Birne und Apfel ist die Quitte ein Kernobst und gehört zur Familie der Rosengewächse, doch hat sie einen echten Wettbewerbsnachteil: Die meisten Früchte sind zu hart und zu herb, um sie roh zu essen. Man muss sie kochen. Deshalb wurden Quitten von Äpfeln und Birnen verdrängt, die in der Küche weniger Arbeit machen. Gott sei Dank erlebt die zauberhafte Frucht gerade ein Comeback. Bei der Unterscheidung zwischen Apfel- und Birnenquitten geht es nur um die Form der Früchte, nicht um Sorten. Von denen gibt es weltweit um die 200. Wir ernten unsere Quitten im Oktober, spätestens vor den ersten längeren Frösten. Die Schale von reifen Quitten ist einheitlich goldgelb, unreife Früchte haben oft noch etwas Flaum auf der Schale. Noch leicht grünlich gefärbte Quitten reifen bei Zimmertemperatur nach.

Als Schüler habe ich eine Weile in den USA in einem Fastfood-Restaurant gearbeitet. Alles war, wie man es sich vorstellt: Es gab Steaks, Burger, Fritten, viel Tiefgekühltes und Vorproduziertes. Doch alle Pies lieferte eine Oma aus der Nachbarschaft – jeden Tag frisch aus ihrem Ofen. Wunderbar. Und der Laden war immer voll.

Birnen-Mohn-Pie

ZUTATEN für 1 Kuchen
   (12 Stück):
350 g Mehl (+ etwas mehr
   zum Arbeiten)
150 g Zucker
180 g kalte Butter (+ etwas
   mehr für die Form)
3 Eier (M)
50 g gemahlener Mohn
4 cl Birnenbrand (ersatz-
   weise Birnensaft)
125 g Sahne
1,25 kg Birnen (z. B.
   Williams Christ)
1 EL frisch gepresster
   Zitronensaft
Puderzucker zum Bestäuben
Außerdem:
Springform (26 cm Ø)

ZUBEREITUNGSZEIT: 50 Min.
BACKZEIT: 40–50 Min.
PRO STÜCK: ca. 395 kcal

1 Mehl mit 100 g Zucker, Butter in Würfeln und 2 Eiern mit den Händen zuerst zu Krümeln verreiben, dann zügig zu einem Mürbeteig verkneten. Den Teig in Folie wickeln und etwa 30 Min. im Kühlschrank ruhen lassen.

2 Inzwischen den Mohn mit restlichem Zucker in einer Pfanne ohne Fett rösten, bis der Zucker geschmolzen ist, dabei öfter umrühren. Mit Birnenbrand ablöschen, 100 g Sahne dazugießen und kochen lassen, bis sich der Zucker wieder gelöst hat. Vom Herd nehmen und abkühlen lassen.

3 Den Backofen auf 200° (Umluft 180°) vorheizen, die Springform mit Butter einfetten. Birnen schälen und vierteln, das Kerngehäuse entfernen. Die Birnenviertel in Spalten schneiden und mit dem Zitronensaft und der Mohnmischung vermengen.

4 Den Teig auf einer mit Mehl bestäubten Arbeitsfläche dünn ausrollen und einen Kreis (etwa 30 cm Ø) ausschneiden. Teigkreis in die Form legen und einen Rand formen. Teigboden mit einer Gabel mehrmals einstechen und die Birnenspalten darauf verteilen. Den überstehenden Teigrand nach innen einschlagen. Das verbliebene Ei mit der restlichen Sahne verrühren. Den Teigrand mit etwas Eiersahne einpinseln.

5 Den übrigen Teig dünn zu einem zweiten Teigkreis (26 cm Ø) ausrollen und auf die Birnen legen. Den Rand leicht andrücken. Den Deckel mit der übrigen Eiersahne einpinseln. (Nach Belieben mit Teigresten verzieren. Verzierung ebenfalls mit Eiersahne einpinseln.)

6 Den Kuchen im Ofen (Mitte) in 40–50 Min. goldbraun backen. Nach der Hälfte der Backzeit die Temperatur auf 180° (Umluft 160°) reduzieren. Den fertigen Kuchen aus dem Ofen nehmen, etwas abkühlen lassen, mit wenig Puderzucker bestäuben und lauwarm (oder kalt) servieren.

Winter

Vorsicht: Suchtgefahr! Wer einmal Mini-Flammkuchen gebacken hat, braucht sie immer wieder. Und bald tun es die Minis nicht mehr, ein Maxi-Flammkuchen muss her. Zum Glück können Sie Teigmenge und Belag beliebig vervielfachen. Bei größeren Backaktionen den Teig auf Backpapier ausrollen, mit der Speckmischung bestreichen und dann auf ein heißes Ofenblech ziehen. So wird der Flammkuchen sogar noch ein bisschen knuspriger.

Feldsalat mit Mini-Flammkuchen

ZUTATEN für 4 Personen:

Für die Flammkuchen:
300 g Mehl (+ etwas mehr
    fürs Arbeiten)
Salz
100 g Schweine- oder
    Butterschmalz
200 g hauchdünne Speck-
    scheiben (z. B. Bacon)
1 Stange Lauch
200 g saure Sahne
Pfeffer
Für den Salat:
1 Schalotte
1 EL Öl
2 EL Weißweinessig
4 EL Nussöl (z. B. Walnussöl)
1 TL grobkörniger Senf
Salz | Pfeffer
200 g Feldsalat

ZUBEREITUNGSZEIT: 50 Min.
KÜHLZEIT: 2 Std.
PRO PORTION: ca. 975 kcal

1 Für die Flammkuchen Mehl mit 1 TL Salz in einer Schüssel mischen. Schmalz mit 100 ml Wasser aufkochen, zum Mehl gießen und zu einem glatten Teig verkneten. Vorsicht, der Teig ist sehr heiß! Am besten erstmal Mehl und Wasser mit einem Holzlöffel zu einem Teig vermischen, bis er etwas abgekühlt ist, dann mit den Händen weiterkneten. Teig zugedeckt im Kühlschrank in etwa 2 Std. vollständig auskühlen lassen.

2 Die Speckscheiben in dünne Streifen schneiden. Den Lauch der Länge nach halbieren, Wurzeln und welke Blätter entfernen. Lauchhälften gründlich waschen und quer in dünne Streifen schneiden. Speckstreifen in einer beschichteten Pfanne 3 Min. braten. Lauch zugeben und 2 Min. mit dem Speck mitbraten. Vom Herd nehmen, etwas abkühlen lassen und dann in einer Schüssel mit der sauren Sahne mischen. Mit Salz und Pfeffer würzen.

3 Den Backofen auf 220° (Umluft 200°) vorheizen, ein Backblech mit Backpapier auslegen. Den Teig zu etwa 3 cm dicken Strängen formen und in 4–5 cm große Stücke schneiden. Jedes Teigstück auf einer leicht bemehlten Arbeitsfläche so dünn wie möglich ausrollen. Teigstücke auf das Blech legen und mit der Speck-Lauch-Mischung dünn bestreichen. Die Flammkuchen im Ofen (Mitte) in etwa 8 Min. knusprig braun backen.

4 Inzwischen für den Salat die Schalotte schälen, fein würfeln und mit dem Öl in einer beschichteten Pfanne 2 Min. dünsten. Schalotte mit Essig, Nussöl und dem Senf verrühren. Die Vinaigrette mit Salz und Pfeffer abschmecken. Den Salat verlesen, putzen, waschen und trocken schleudern. Flammkuchen aus dem Ofen nehmen und kurz abkühlen lassen. Den Salat mit der Vinaigrette mischen und mit den Mini-Flammkuchen servieren.

Wer schon einmal ein Wildschwein im Garten hatte, der weiß: In der Pfanne ist es besser aufgehoben. Das mild-aromatische Fleisch schmeckt erstklassig, nicht nur als großer Braten, vor allem auch als Schnitzel oder Saté. Doch die Tiere sind schlau, die Jagd ist auch für erfahrene Jäger eine echte Herausforderung. Bei so einem sollten Sie das Fleisch dann kaufen: Eine saubere Jagd und korrekte Zerlegung sind die Voraussetzung für Spitzen-Fleisch.

Wildschweinschnitzelchen mit Wintersalaten

1 Den Thymian abbrausen und trocken schütteln, die Blättchen abstreifen und mit den Wacholderbeeren fein hacken. Die Orange heiß waschen und abtrocknen, die Schale fein abreiben, den Saft auspressen. Die Petersilienwurzel schälen und in möglichst kleine Würfel schneiden. Den Knoblauch schälen und fein hacken. Salate putzen, waschen und trocken schleudern, große Salatblätter in mundgerechte Stücke zupfen.

2 Die Brotbrösel mit Orangenschale, Wacholder und Thymian mischen, kräftig mit Salz und Pfeffer würzen. Mehl und Brotbröselmischung jeweils in einen tiefen Teller geben. Die Eier in einen dritten tiefen Teller schlagen und mit einer Gabel verquirlen. Den Wildschweinrücken in kleine dünne Scheiben schneiden und erst im Mehl, dann in den Eiern und zum Schluss in den Gewürzbröseln wenden.

3 In einer großen Pfanne 2 EL Olivenöl erhitzen. Darin Petersilienwurzel und Knoblauch bei mittlerer Hitze 5 Min. dünsten. Mit der Brühe und dem Orangensaft aufgießen und in weiteren 5 Min. einkochen. Die Mischung aus der Pfanne in ein Schüsselchen gießen, mit Essig und dem restlichen Olivenöl verrühren. Die Vinaigrette mit Salz und Pfeffer abschmecken.

4 Die Pfanne mit Küchenpapier auswischen, zurück auf den Herd stellen und das Schmalz darin schmelzen lassen. Darin die vorbereiteten Schnitzel in 3 Min. goldbraun braten, dabei einmal wenden. Auf Küchenpapier abtropfen lassen. Den Salat mit der Petersilienwurzelvinaigrette vermischen und mit den Wildschweinschnitzelchen anrichten.

ZUTATEN für 4 Personen:
4 Zweige Thymian
2 TL Wacholderbeeren
1 Bio-Orange
1 Petersilienwurzel
1 Knoblauchzehe
200 g Wintersalate (z. B. Endivie,
   Radicchio, Feldsalat, Frisée)
6 EL Weißbrotbrösel
Salz | Pfeffer
4 EL Mehl | 2 Eier (M)
600 g Wildschweinrücken
6 EL Olivenöl
100 ml Gemüsebrühe
3 EL Weißweinessig
2–3 EL Butterschmalz

ZUBEREITUNGSZEIT: 35 Min.
PRO PORTION: ca. 575 kcal

TIPP
Wer kein Wildschweinfleisch bekommt, nimmt stattdessen einfach einen normalen Schweinerücken. Daraus wie beschrieben die Schnitzelchen zubereiten und mit dem Salat servieren. Schmeckt fast genauso gut.

Profis lösen Kohlblätter auf eine spezielle Weise vom Kohlkopf: Eine Fleischgabel tief in den Strunk stechen und als Griff benutzen. Dann den Kohlkopf 20–30 Sekunden ins kochende Wasser tauchen, herausheben, abschrecken. Jetzt alle äußeren Blätter, die sich leicht biegen lassen, vom Kohlkopf abziehen. Den Kohl wieder in das kochende Wasser tauchen, um die nächsten Blätter geschmeidig zu machen, … Fürs Rezept brauchen Sie acht Blätter.

ZUTATEN für 4 Personen:
1 Spitzkohl oder kleiner
  Weißkohl (etwa 800 g)
Salz | 2 Zwiebeln
2 Knoblauchzehen
½ Bund Dill
6 Zweige (Zitronen-)Thymian
400 g Pilze (z. B. Champignons
  oder Pfifferlinge)
200 g Räucherlachs
2 EL Öl
150 ml Weißwein (ersatzweise
  Gemüsebrühe)
Pfeffer
2 EL Butter
200 g Sahne

ZUBEREITUNGSZEIT: 50 Min.
PRO PORTION: ca. 470 kcal

Räucherlachs-Krautwickerl mit Pilzen

1 Für den Kohl einen hohen Topf mit Wasser füllen und aufkochen, salzen. Von dem Kohlkopf wie oben beschrieben acht Kohlblätter ablösen und noch 2–3 Min. im Salzwasser kochen. Blätter abschrecken, die unteren Hälften der dicken Mittelrippen wegschneiden. Die Kohlblätter trocken tupfen.

2 Restlichen Kohlkopf durch den Strunk vierteln, den Strunk entfernen. Zwei Viertel klein würfeln, übrigen Kohl für ein anderes Rezept verwenden. Zwiebeln und Knoblauch schälen und fein würfeln. Kräuter abbrausen und trocken schütteln, grob hacken. Die Pilze putzen und klein würfeln oder in dünne Scheiben schneiden. Den Lachs in dünne Streifen schneiden.

3 In einer großen beschichteten Pfanne das Öl erhitzen. Darin gewürfelten Kohl und die Hälfte der Zwiebeln und des Knoblauchs 5 Min. bei mittlerer Hitze dünsten. Mit Wein ablöschen, einkochen lassen. Den Dill und Lachs untermischen, mit Salz und Pfeffer abschmecken, vom Herd ziehen.

4 Nach und nach 1 Kohlblatt in eine große Schöpfkelle legen und leicht in die Mulde drücken, mit einem Achtel der Lachs-Kraut-Mischung füllen. Die überstehenden Blattränder zur Mitte hin einschlagen und mit einem Küchentuch gut andrücken.

5 In der Pfanne die Butter schmelzen lassen. Darin Pilze, Thymian und übrige Zwiebel- und Knoblauchwürfel 5 Min. bei mittlerer Hitze dünsten. Mit der Sahne aufgießen und in etwa 12 Min. cremig einkochen. Nach 6 Min. die Krautwickerl mit der Nahtstelle nach unten auf die Pilze in der Pfanne setzen und erhitzen, dabei den Deckel auf die Pfanne legen. Krautwickerl auf Tellern anrichten, die Sauce mit Salz und Pfeffer abschmecken und mit den Krautwickerln servieren.

FELDSALAT

Schon als Kind aß ich Feldsalat mit großem Vergnügen. Ob es daran lag, dass er auch den märchenhaften Namen Rapunzelsalat trägt? Lange Zeit galt Feldsalat als essbares Unkraut, auch heute noch wächst er am Rand von Äckern oder Weinbergen. Die Pflänzchen vertragen Fröste bis 15 Grad unter Null. Ernten kann man Feldsalat aber nur bis knapp unter null Grad, solange die Blätter noch nicht gefroren sind. Sonst verwelkt der Salat sofort. Wie die meisten Blattgemüse speichert Feldsalat leider Nitrate. Wie viel davon tatsächlich im Salat steckt, hängt von Düngung und Belichtung ab. Deshalb achten wir sehr darauf, Salat so viel wie nötig, aber so wenig wie möglich zu düngen. Dann enthält er weniger Nitrate. Außerdem baut Licht diese unerwünschten Stoffe ab. Salate auf dem Feld bekommen mehr Licht ab, haben also einen geringeren Nitratgehalt als Treibhaus-Salate. Feldsalat wächst sehr langsam – selbst wenn wir schon im August aussäen, können wir meistens erst ab November ernten.

RADICCHIO

Die knackigen, leicht bitteren Blätter des Radicchio bereichern winterliche Salatkreationen ungemein. Köstlich finde ich sie zum Beispiel in Kombination mit Blauschimmelkäse, gedünsteten Birnen und Walnüssen. Sowohl auf dem Teller als auch im Beet macht sich zudem die rote Farbe der Blätter hervorragend. Rot wird der Radicchio aber erst, wenn er den ersten Frost abbekommen hat. Zunächst hat der Salat grüne Sommerblätter, die dann im Herbst absterben. Das ist typisch für Zichoriensalate, zu denen neben Radicchio auch Endivie und Chicorée zählt. Es gibt Radicchiosorten, die offene Blattrosetten bilden, und andere, die sich zu kleinen Köpfe formen. Die Sorte »Rosso di Treviso« finden wir besonders hübsch: dunkelrote Blätter mit schneeweißen Rippen. Radicchio ist nach etwa drei Monaten erntereif. Wenn er länger wächst, werden seine Blätter zu bitter. Im Winter sprießen aus seinen Wurzeln oft noch neue Blätter, deshalb ziehen wir die Wurzeln erst im Frühjahr raus.

HEGEN UND PFLEGEN

Schon im August säen wir die meisten Wintersalate aus. Neben den hier beschriebenen gibt es noch einige mehr, etwa Chicorée oder Winterportulak. Im Kommen sind »Mizuna« und »Mibuna«, asiatische Salate aus der Familie der Kreuzblütler wie auch Rucola. Von einigen Salaten gib es auch Wintersorten wie vom Kopf- oder Romanasalat. Nach der Aussaat muss man bei Feldsalat sehr auf Schnecken achten, die Zichoriensalate werden von den Plagegeistern glücklicherweise eher verschont. Ab Oktober schützen wir vor allem die Zichoriensalate mit einem zu beiden Seiten offenen Folientunnel – weniger gegen Kälte, als gegen starken Regen. Gerade bei Endivien faulen sonst leicht die äußeren Blätter und bilden eine schmierige Schicht um die eigentlich gesunden Pflanzen, die dann nicht mehr zu verwenden sind. Deshalb entfernen wir ab und zu absterbende Blätter, so kommt frische Luft an die Pflanze. Wintersalate vertragen Trockenheit ganz gut, aber besonders die Jungpflanzen sollte man schon ab und zu gießen.

ENDIVIE

Endiviensalat gehört zur Zichorienfamilie, schmeckt aber weniger bitter als seine Verwandten Raddicchio und Chicorée. Vor allem in Mittelmeerländern wird Endivie nicht nur roh verwendet, sondern auch gedünstet als Gemüsebeilage oder Suppenzutat. Am bekanntesten ist wohl die krause Endivie, die auch Frisée genannt wird und manchmal zusammen mit Kopfsalat in Sommersalaten landet. Im Gegensatz zum Kopfsalat hält sich die krause Endivie aber lässig bis in den Dezember hinein. Man muss sie dann nur mit Stroh oder Gärtnervlies abdecken. Da die Blätter krauser Endivie ziemlich hart sein können, binden manche Gärtner die äußeren Blätter zusammen – so wird das Herz gebleicht, das nach ein paar Wochen viel milder und zarter schmeckt. Ein anderer Trick ist, die Salate so eng zu pflanzen, dass sich die äußeren Blätter nicht ausbreiten können. Speziell bei Sorten mit hochgeschlossenem Wuchs klappt das ganz gut. Geerntet wird Endivie ab Ende September bis zum Winter.

Wintersalate wie Endivie, Radicchio oder Feldsalat vertragen alle erstaunlich tiefe Tempe-
raturen – solange die Pflanzen nicht eingeschneit werden, können Sie den ganzen Winter
ernten. Nur passen kalt zubereitete Salate nicht unbedingt zu frostigem Wetter. Zum Glück
schmecken Endivie & Co. aber auch als warmes Blattgemüse, zum Beispiel mit ein paar
Muscheln unter einen herrlich cremigen Risotto gemischt.

Endivienrisotto mit Venusmuscheln

ZUTATEN für 4 Personen:
800 g große Venusmuscheln
   (ersatzweise Miesmuscheln)
2 Knoblauchzehen
½ l Geflügelbrühe
2 EL Öl
¼ l Weißwein (ersatzweise
   Geflügelbrühe)
4 EL Butter
250 g Risottoreis
Salz | Pfeffer
1 Kopf Endiviensalat
2 Zwiebeln
½ Bund glatte Petersilie
1 Scheibe Schwarzbrot
   (vom Vortag)

ZUBEREITUNGSZEIT: 50 Min.
PRO PORTION: ca. 460 kcal

1 Muscheln in einer Schüssel mit kaltem Wasser bedecken und 10 Min.
wässern. Dann alle offenen Muscheln mit dem Finger anschnipsen, wenn
sie sich nicht schließen, wegwerfen. Knoblauch samt Schale anquetschen.

2 Brühe aufkochen. Öl in einem Topf erhitzen, darin Muscheln und Knoblauch 1 Min. bei starker Hitze anbraten. Mit Wein ablöschen und die Brühe
aufgießen, zugedeckt 3 Min. kochen lassen. Muscheln in ein Sieb gießen,
ablaufenden Fond auffangen. 100 ml Fond abmessen und für das Endiviengemüse beiseitestellen, Rest für den Risotto falls nötig mit Wasser auf 1 l
auffüllen. Ein paar Deko-Muscheln beiseitelegen, bei den übrigen Muscheln
das Fleisch aus den Schalen lösen, geschlossene Muscheln wegwerfen.

3 In einem Topf 1 EL Butter schmelzen lassen. Darin den Reis 2 Min. andünsten, mit einem Drittel des Fonds aufgießen und bei mittlerer Hitze insgesamt 20 Min. garen. Dabei nach und nach den restlichen Fond angießen,
bis ein cremiger Risotto entstanden ist. Mit Salz und Pfeffer würzen.

4 Inzwischen den Salat putzen, waschen, trocken schleudern und in breite
Streifen schneiden. Zwiebeln schälen, halbieren, in dünne Streifen schneiden.
Petersilie abbrausen und trocken schütteln, Blättchen abzupfen und grob
hacken. Das Brot in einem elektrischen Blitzhacker fein zerkrümeln.

5 In einer beschichteten Pfanne 1 EL Butter schmelzen lassen, Brotbrösel
darin in 2–3 Min. knusprig braten, salzen, in eine Schüssel füllen. In der
Pfanne wieder 1 EL Butter schmelzen und Zwiebeln und Endiviensalat darin
4 Min. dünsten, mit Salz und Pfeffer würzen. Beiseitegestellten Fond aufgießen, Deko-Muscheln und Muschelfleisch dazugeben, einmal aufkochen.

6 Endiviengemüse und Muscheln samt Sauce unter den Risotto mischen,
die übrige Butter einrühren, abschmecken. Risotto auf Tellern verteilen,
mit den Brotbröseln bestreuen und sofort servieren.

*Die erdigen Wurzeln sondern beim Schälen einen klebrigen Saft ab, der sich überflüssiger-
weise dann auch noch dauerhaft schwarz verfärbt. Vermutlich sind die wohlschmeckenden
Wurzeln deshalb aus der Mode gekommen. Seitdem es aber günstige Einweghandschuhe in
Drogeriemärkten, manchmal sogar im Supermarkt zu kaufen gibt, sind Schwarzwurzeln
wieder beliebter geworden. Zumindest in der Gastronomie, wo diese Handschuhe auch bei
der Zubereitung von Roten Beten, Artischocken oder sauren Früchten gute Dienste leisten.
Probieren Sie es aus, die Schwarzwurzel hat eine zweite Chance verdient.*

Kalbsragout mit
gebackenen Schwarzwurzeln

ZUTATEN für 4 Personen:
500 g Kalbfleisch
   (aus der Schulter)
500 g Zwiebeln oder
   Schalotten
2 Knoblauchzehen
2 EL Öl
Salz | Pfeffer
1 EL Zucker
350 ml Rotwein (ersatzweise
   Wasser + 2 EL Rotweinessig)
200 g passierte Tomaten
4 EL Essig (die Sorte ist egal)
500 g Schwarzwurzeln
5 Zweige Thymian
1 Bund glatte Petersilie
4 EL Mehl
6 EL Weißbrotbrösel oder
   Semmelbrösel
2 Eier (M)
3–4 EL Butterschmalz

ZUBEREITUNGSZEIT:
   1 Std. 25 Min.
PRO PORTION: ca. 1040 kcal

1 Das Kalbfleisch in 2 cm große Würfel schneiden. Die Zwiebeln oder
Schalotten und den Knoblauch schälen und fein würfeln. In einem Schmor-
topf das Öl erhitzen. Darin Fleisch, Zwiebeln oder Schalotten und Knoblauch etwa 10 Min. bei mittlerer Hitze hellbraun anbraten, dabei ab und zu
umrühren. Mit Salz und Pfeffer würzen, den Zucker dazugeben und leicht
karamellisieren lassen. Mit Rotwein ablöschen, die Tomaten untermischen.
Das Ragout zugedeckt bei geringer Hitze 1 Std. schmoren lassen. Dabei
immer wieder mal umrühren und, falls nötig, zwischendurch noch etwas
Wasser dazugießen.

2 Während das Ragout schmort, die Schwarzwurzeln zubereiten. Dafür
den Essig mit 1 l Wasser in eine Schüssel geben. Schwarzwurzeln waschen
und schälen (siehe ganz oben), in 5–6 cm lange Stücke schneiden und in
das Essigwasser legen. Reichlich Wasser in einem großen Topf aufkochen,
salzen. Die Schwarzwurzeln darin in etwa 8 Min. bissfest kochen, dann
abgießen, abschrecken und gut abtropfen lassen. Kräuter abbrausen und
trocken schütteln, die Blättchen abzupfen und nach Belieben hacken.

3 Mehl und Brösel jeweils in einen tiefen Teller geben. Eier in einen tiefen
Teller aufschlagen, mit einer Gabel verquirlen, kräftig salzen und pfeffern.
Die Schwarzwurzeln zuerst im Mehl, dann in den Eiern und zum Schluss in
den Bröseln wenden. In einer großen beschichteten Pfanne das Schmalz
schmelzen lassen. Darin die panierten Schwarzwurzeln in 3–4 Min. rundum goldbraun backen, dann kurz auf Küchenpapier abtropfen lassen. Kalbs-
ragout mit den Kräutern verfeinern, abschmecken und mit den Schwarzwurzeln auf Tellern anrichten. Dazu passt Kartoffelpüree sehr gut.

KOPFKOHL

Mit dem Image von Kohl steht es nicht zum Besten – immer noch wird er in Großküchen oft lieblos zu Tode gekocht, sodass viele Angestellte am Kohltag einen Bogen um die Kantine machen. Dazu kommt noch dieser Geruch. Kohl gilt nicht als fein. Schade, denn viel Auswahl an frischem Gemüse aus der Region gibt es im Winter nicht. Außerdem kann Kohl sehr wohl ein Genuss sein, wenn man ihn richtig zubereitet. Im Garten bereichert Kohl auch optisch die graue Jahreszeit. Die verschiedenen Kopfkohlsorten wie Rot-, Weiß- und Wirsingkohl sind farbenprächtig und dekorativ. Rotkohl hat sehr dicke Blätter und ist winterhart. Zudem wird er von Schnecken und dem anderen Erzfeind aller Kohlarten, dem Kohlweißling, ziemlich in Ruhe gelassen. Wir verwenden Rotkohl gekocht, aber auch roh für Salate. Weißkohl oder -kraut kommt in den Küchen der Welt am häufigsten vor, bei uns vor allem als Sauerkraut. Wirsing wiederum wird immer gekocht und ist eine echte Delikatesse.

ROSENKOHL

Eindeutig unser liebster Winterkohl ist Rosenkohl: Seine kleinen Röschen sehen nicht nur niedlich aus, sondern haben auch einen besonders feinen Geschmack. Auf Rosenkohl war ich schon immer ganz versessen – auch, als mir alle anderen Kohlsorten noch nicht so schmeckten. Rosenkohl ist die jüngste der bei uns gängigen Kohlformen und gehört zu den Hochstämmigen: Bis Ende Oktober bilden sich bis zu 70 Zentimeter hohe Stängel, die von oben bis unten mit langgestielten Blättern besetzt sind. In jeder Blattachsel sitzt eine dicke Seitenknospe – ein »Röschen«. Die Röschen in der Mitte des dicken Stängels sind am größten. Wenn man etwa Anfang Oktober die Spitzenknospe ausbricht, werden auch die oberen Röschen größer. Wenn man sie nicht erntet, treiben die Röschen im Frühjahr zu Sprossen aus, die im Sommer Blüten bilden. Rosenkohl verträgt kurzzeitig Frost – es ist sogar so, dass er erst richtig gut schmeckt, wenn er Frost abbekommen hat.

HEGEN UND PFLEGEN

Alle Kohlformen bilden die große Familie der Kreuzblütler. Sie wachsen am besten an einem freien Standort in durchlässigen, nahrhaften, eher basischen Böden. Optimal ist ein Beet, in dem vorher Hülsenfrüchte gepflanzt waren – deren Wurzelknöllchen haben den Stickstoffgehalt der Erde erhöht. Alle Kohlformen sind für die gleichen Krankheiten und Schädlinge anfällig. Je jünger die Pflanzen sind, desto mehr stürzen sich die Schnecken auf sie. Deshalb ziehen viele Kohl nicht aus Samen, sondern kaufen Jungpflanzen, die sie im Juni ins Beet setzen – wenn Erbsen und Bohnen abgeräumt sind. Leider ist Kohl empfänglich für einen Schädling, gegen den Schnecken fast harmlos sind: der Kohlweißling. Er legt seine Eier auf der Pflanze ab, und die geschlüpften Raupen fressen dann alles weg. Wirksamster Schutz: absammeln, Netze um die Pflanzen spannen. Und: Kohl jedes Jahr in einem neuen Beet ansiedeln, da viele Kohlschädlinge in der Erde überwintern und sonst gleich wieder Zugriff auf ihren Liebling hätten.

GRÜNKOHL

Besonders in Norddeutschland ist dieses Wintergemüse gut bekannt. Man denke nur an Grünkohl mit Pinkel, einer speziellen geräucherten Brühwurst. Doch Grünkohl verleiht sein deftiges Aroma auch anderen Nationalgerichten quer durch Europa: So steckt er in der portugiesischen Suppe »Caldo Verde« oder der Gemüsesuppe »Ribollita« aus der Toskana. Grünkohl bildet an einem hochwüchsigen, kräftigen Stamm meist dunkelgrüne, stark gekrauste Blätter. Im Garten ganz besonders schön sind die rotblättrigen Sorten »Redbor« oder »Red Russian«. Während des Kochens nehmen sie dann aber auch eine grüne Farbe an. Grünkohl ist absolut frosthart. Wie Rosenkohl schmeckt dieser Kohl erst richtig gut, wenn er ein paar Fröste abbekommen hat – weil die Kälte einen Teil der in den Blättern gelagerten Stärke in Zucker verwandelt. Geerntet werden frische, junge Blätter von Oktober bis Februar. Wie alle Kohlarten steckt Grünkohl voller Mineralien, Vitamine und sekundärer Pflanzenstoffe.

Petersilienwurzelcreme mit Petersilienöl

ZUTATEN für 4 Personen:
500 g Petersilienwurzeln
2 Zwiebeln | 1 EL Butter
150 ml Weißwein (ersatzweise
  Gemüsebrühe)
¾ l Gemüsebrühe
250 g Sahne
Salz | Pfeffer
frisch geriebene Muskatnuss
1 Bund glatte Petersilie
8 EL Rapsöl

ZUBEREITUNGSZEIT: 40 Min.
PRO PORTION: ca. 470 kcal

1 Petersilienwurzeln und Zwiebeln schälen, beides grob würfeln. In einem Topf die Butter schmelzen lassen. Darin Zwiebeln und Petersilienwurzeln 5 Min. dünsten. Mit Wein ablöschen, kurz einkochen lassen und die Brühe und Sahne aufgießen. Die Suppe mit Salz, Pfeffer und Muskat würzen und 25–30 Min. bei mittlerer Hitze kochen lassen.

2 Petersilie abbrausen und trocken schütteln, Blätter abzupfen, grob hacken. Mit dem Öl in einem elektrischen Blitzhacker cremig pürieren, dabei gleich zu Beginn salzen, so bleibt die Petersilie schön grün. Suppe mit einem Stabmixer pürieren und in Tellern verteilen, Petersilienöl darüberlaufen lassen.

LUXUSVERSION

200 g Fischfilet (z. B. Zander) in fingerdicke Streifen schneiden, salzen, mit Paprikapulver (siehe Seite 192) würzen und in Mehl wenden. Die Fischstreifen in je 1 EL Butter und Öl bei starker Hitze rundum in 3–4 Min. goldbraun braten. In die fertig angerichtete Suppe legen.

Knusprige Käsekekse mit Wintersalat

ZUTATEN für 4 Personen:
100 g Parmesan
100 g kalte Butter
100 g Mehl (+ etwas mehr
  zum Arbeiten)
200 g Wintersalate (z. B. Endivie,
  Radicchio, Feldsalat, Frisée)
1 Knoblauchzehe
Salz | Pfeffer
je ½ Zitrone und Orange
4 EL Nuss- oder Rapsöl

ZUBEREITUNGSZEIT: 40 Min.
KÜHLZEIT: 2 Std.
PRO PORTION: ca. 465 kcal

1 Den Käse fein reiben, die Butter würfeln und beides zusammen mit dem Mehl zu Krümeln reiben, dann zu einem glatten Teig verkneten. Den Käseteig in Folie wickeln und mindestens 2 Std. (am besten aber über Nacht) in den Kühlschrank legen.

2 Den Backofen auf 200° (Umluft 180°) vorheizen, ein Backblech mit Backpapier auslegen. Den Teig auf einer mit Mehl bestäubten Arbeitsfläche 5 mm dick ausrollen und kleine Kekse (z. B. Quadrate, Kreise mit kleinen Zacken, Herzen) ausstechen. Die Kekse auf das Blech legen und im Ofen (Mitte) in etwa 10 Min. goldbraun backen. Kekse vom Blech ziehen und vollständig auskühlen lassen.

3 Inzwischen die Salate putzen, waschen und trocken schleudern, große Blätter kleiner zupfen. Knoblauch schälen, grob hacken und mit Salz und Pfeffer in einem Mörser zerreiben. Zitrone und Orange auspressen. Den Saft mit Öl und der Knoblauchpaste cremig verrühren. Die Salate mit der Sauce vermischen und mit den Keksen auf Tellern anrichten. (Ohne Salat passen die Kekse auch gut als Suppenbeilage zur Petersilienwurzelcreme.)

Rezepte – Wintermenü

Rinderrouladen mit Rosenkohlpüree

1 Für die Rouladen die Laugenstangen in dünne Scheiben schneiden und in eine Schüssel geben. Zwiebeln und Knoblauch schälen, 1 Zwiebel mit dem Knoblauch fein würfeln, die restlichen Zwiebeln achteln. Petersilie abbrausen und trocken schütteln, die Blättchen abzupfen und hacken.

2 In einer beschichteten Pfanne die Butter schmelzen lassen. Zwiebel- und Knoblauchwürfel darin 3 Min. dünsten, Milch dazugießen und erwärmen. Milch über die Laugenstangen gießen, Senf und Petersilie dazugeben, alles vermischen und 30 Min. ziehen lassen. Dann das Ei unterkneten und die Füllung mit wenig Salz und Pfeffer würzen.

3 Die Fleischscheiben nebeneinander auf der Arbeitsfläche auslegen. Die Füllung darauf verstreichen und die Fleischscheiben von der Schmalseite her straff aufrollen. Die Rouladen mit den Rouladennadeln fixieren und mit Salz und Pfeffer würzen.

4 Den Backofen auf 200° (Umluft 180°) vorheizen, dabei einen Bräter oder eine ofenfeste Pfanne auf den Ofenboden stellen. Möhren und Petersilienwurzel schälen und grob würfeln. Öl in Bräter oder Pfanne geben, darin Rouladen, Zwiebelachtel, Möhren und Petersilienwurzel im Ofen von allen Seiten 15 Min. anbraten. Tomatenmark dazugeben, weitere 5 Min. braten und mit der Hälfte des Biers ablöschen. Nach 10 Min. restliches Bier dazugießen und die Rouladen 30 Min. schmoren lassen.

5 In der Zwischenzeit für das Püree den Rosenkohl putzen, dabei die Strünke kürzen und kreuzweise einschneiden, welke Blätter entfernen. Einen Topf mit reichlich Salzwasser aufkochen, Rosenkohl darin 10 Min. kochen. Inzwischen den Speck in dünne Streifen schneiden, die Zwiebeln schälen und klein würfeln.

6 Rosenkohl abgießen, abschrecken, abtropfen lassen und grob hacken. Den Kohl in einer Küchenmaschine mit Schneideeinsatz fein pürieren. In einem Topf die Butter schmelzen lassen. Darin Speck und Zwiebeln 3 Min. braten. Rosenkohl und die Sahne dazugeben, 5 Min. bei mittlerer Hitze erwärmen. Mit Salz, Pfeffer und Muskat abschmecken.

7 Die fertigen Rouladen aus dem Ofen nehmen. Schmorfond in einen Topf umfüllen, nach Belieben mit einem Stabmixer pürieren, aufkochen und mit Salz und Pfeffer abschmecken. Die Nadeln aus den Rouladen entfernen. Die Rouladen mit Rosenkohlpüree und Schmorsauce servieren.

ZUTATEN für 4 Personen:

Für die Rouladen:
2 Laugenstangen (vom Vortag)
3 Zwiebeln | 1 Knoblauchzehe
½ Bund glatte Petersilie
1 EL Butter | 150 ml Milch
1 EL scharfer Senf | 1 Ei (M)
Salz | Pfeffer
4 große, dünne Scheiben
  Rindfleisch (je etwa 160 g,
  aus der Oberschale)
2 Möhren | 1 Petersilienwurzel
2 EL Öl | 1 EL Tomatenmark
½ l dunkles Bier
Für das Püree:
1 kg Rosenkohl | Salz
200 g geräucherter Speck
2 Zwiebeln | 1 EL Butter
400 g Sahne | Pfeffer
frisch geriebene Muskatnuss
Außerdem:
Rouladennadeln
Küchenmaschine mit
  Schneideeinsatz

ZUBEREITUNGSZEIT: 2 Std.
PRO PORTION: ca. 1240 kcal

Bis jetzt wachsen die wunderbaren Früchte nur in Orangerien oder ganzjährig beheizten Gewächshäusern, ihr Anbau ist in unseren Breiten einfach nicht sinnvoll. Doch das könnte sich ändern. Vielleicht wird eine der wenigen positiven Auswirkungen des Klimawandels sein, dass wir ungewohnte Obst- und Gemüsesorten in unseren Gärten anbauen können. Hier schon einmal ein feines Rezept dafür. Bestens geeignet als traditionelles Dessert für das familiäre Silvestermenü.

Gefüllte Orangen

ZUTATEN für 4 Personen:
5 Bio-Saft-Orangen
4 EL Zucker
3 Blatt weiße Gelatine
4 ganz frische Eigelb (M)
1 Prise Salz
200 g weiße Kuvertüre
400 g Sahne
Minzeblättchen zum
  Garnieren (nach
  Belieben)

ZUBEREITUNGSZEIT: 45 Min.
KÜHLZEIT: 3 Std.
PRO PORTION: ca. 780 kcal

1 Die Orangen heiß waschen und abtrocknen. Von 1 Orange die Schale hauchdünn abschälen und in feine Streifen schneiden. Mit 2 EL Zucker und 6 EL Wasser in einem kleinen Topf bei geringer Hitze kochen lassen, bis die Flüssigkeit vollständig verdampft ist. Die Orangenschale in einem Sieb ausbreiten und trocknen lassen.

2 Inzwischen von der geschälten Orange die weiße Haut mit einem sehr scharfen Messer entfernen, das Fruchtfleisch grob würfeln. Von den verbliebenen Orangen jeweils einen kleinen Deckel abschneiden. Das Fruchtfleisch mit einem Grapefruitlöffel oder mit dem Messer herauslösen und ebenfalls grob würfeln. Das gesamte Orangenfruchtfleisch mit einem Stabmixer fein pürieren, durch ein Sieb streichen, mit dem restlichen Zucker in einen kleinen Topf geben und bei mittlerer Hitze zu einem Sirup einkochen (das müssen etwa 4 EL sein), kurz abkühlen lassen.

3 Die Gelatine in kaltem Wasser einweichen. Eigelbe mit dem Orangensirup und Salz in einer kleinen Metallschüssel über einem heißen Wasserbad in etwa 5 Min. dickschaumig schlagen – entweder mit einem Schneebesen oder mit den Quirlen des Handrührgeräts. Die Schüssel vom Wasserbad nehmen, die Gelatine gut ausdrücken und in dem warmen Eischaum schmelzen lassen.

4 Die Kuvertüre fein hacken, ebenfalls in eine kleine Metallschüssel geben und über dem Wasserbad schmelzen. Die Kuvertüre unter den Eischaum rühren. Kurz abkühlen lassen, bis die Creme beginnt, fester zu werden. Dann die Sahne steif schlagen und unter die Schaummasse heben. Die Orangencreme in die ausgehöhlten Orangen füllen und im Kühlschrank in etwa 3 Std. fest werden lassen. Mit den kandierten Orangenschalen und nach Belieben den Minzeblättchen garnieren und servieren.

Rezeptregister von A – Z

Rezeptregister nach Rubriken

Pflanzenporträts

Impressum

DIE AUTOREN

Hans Gerlach, gelernter Koch und studierter Architekt, arbeitet heute als Kochbuchautor, Foodstylist und Fotograf. Er kochte lange in Sterne-Restaurants, bevor er durch seine Food-Kolumnen im Magazin der Süddeutschen Zeitung bekannt wurde. Für dieses Buch schrieb er die Rezepte.

Susanna Bingemer porträtierte die Gemüse- und Obstsorten und schrieb ihre Gärtnertipps nieder. Nach ihrem Linguistikstudium arbeitete sie als Redakteurin und schreibt heute für Verlage und Zeitschriften – vor allem über Kulinarik, Ernährung, Garten, Wellness und Reisen.

Seit 1998 haben sich die beiden mit ihrem Büro **food und text** in München auf die Produktion von Foodthemen spezialisiert. Eine gemeinsame Leidenschaft ist das Gärtnern, einst auf einem kleinen Stadtbalkon, heute in einem eigenen Garten.

Alexander Kühn, Koch und Foodstylist, ergänzt seit Jahren das Team von »food und text«. Er testete alle Rezepte und steuerte zu diesem Buch auch einige eigene bei.

DER FOTOGRAF

Klaus-Maria Einwanger setzt in seiner **food art factory** vor allem im Süden von München und in London Foodthemen mal stylisch, mal emotional um und schafft eine Atmosphäre, die Lust auf mehr macht. Für unsere Gartenküche fotografierte er in Vorstadt- und Bauerngärten, auf bepflanzten Balkonen und Terrassen sowie in seinem eigenen Kräutergarten. Das Foodstyling zeichnet sich durch die Handschrift von **Monika Schuster** und **Anka Köhler** aus. Rund um Requisite, Ausstattung und Styling bewies **Alexandra Holzer** ihren Ideenreichtum.

Projektleitung: Sigrid Burghard
Lektorat, Gestaltung, Satz/DTP:
Redaktionsbüro Christina Kempe, München
Umschlag und Gestaltung:
independent Medien-Design, Horst Moser, München
Illustrationen: Liz Pepperell
Herstellung: Susanne Mühldorfer
Korrektorat: Petra Bachmann
Repro: Longo AG, Bozen
Druck und Bindung: Firmengruppe APPL, Wemding

BILDNACHWEIS

Alle Fotos stammen von Klaus-Maria Einwanger mit Ausnahmen von:

GAP Photos: Innentitel, 244
Flora Press: 11, 22, 23
mauritius images/GAP Photos: 88, 89
Fotos mit Geschmack: 164, 165
Emma Gerlach: 253
Illustratoren.de / LizPepperell: alle Illustrationen
Syndication:
www.jalag-syndication.de

© 2011 GRÄFE UND UNZER VERLAG GmbH, München.

ISBN 978-8338-2199-8
1. Auflage 2011

Ein Unternehmen der
GANSKE VERLAGSGRUPPE